Gerlinde Witt

Wanderungen im W

Kultur zu Fuß

Gerlinde Witt

Wanderungen im Wallis

45 Farbabbildungen,
30 Tourenkarten
und eine Übersichtskarte

Kultur zu Fuß

STEIGER VERLAG

Die Autorin:
Gerlinde Witt arbeitet seit mehreren Jahren als Journalistin, Fotografin und Buchautorin im alpinen Bereich. Das Wallis kennt sie von vielen Wander- und Bergunternehmungen seit Jahrzehnten. Die Touren für diesen Band wurden alle aktuell recherchiert und fotografiert.

Die Deutsche Bibliothek – CIP-Einheitsaufnahme
Witt Gerlinde :
Wanderungen im Wallis / Gerlinde Witt. – Augsburg : Steiger,
1996
(Kultur zu Fuß)
ISBN 3-89652-001-6

Gedruckt auf chlorfrei gebleichtem Papier.

Bildnachweis: Horst Höfler, S. 86 und S. 92, alle anderen Aufnahmen von Gerlinde Witt.

Steiger Verlag

Kartenskizzen: Ingenieurbüro für Kartographie Heidi Schmalfuß, München
Umschlaggestaltung und Layoutentwurf: Steinkämper Grafikdesign, Igling
Satz und Layout: Gesetzt aus 9/10p Rotis Sans Serif von Daniel Schindler, SailerSatz, Augsburg
Reproduktion: ColorLine, Verona
Druck und Bindung: Holzer in Weiler
Einbandvorderseite: Typisches Walliser Holzhaus in Les Haudères; kleines Motiv: Kirchenfestung Valère in Sion (Mauritius/Krautwurst); Einbandrückseite: Kapelle in Ferret; S. 1: Eringerkühe im Val d'Anniviers; S. 2/3: Das Matterhorn von Findeln
Printed in Germany
ISBN 3-89652-001-6

Inhaltsverzeichnis

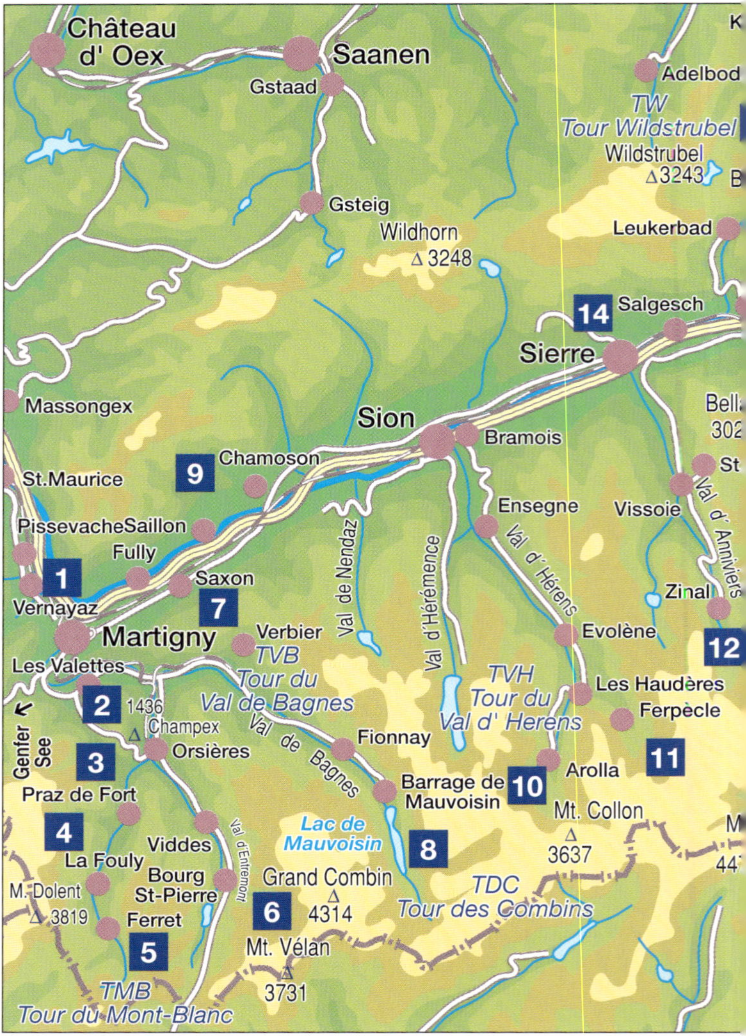
Château d' Oex
Saanen
Gstaad
Adelbod
TW
Tour Wildstrubel
Wildstrubel
3243
Gsteig
Wildhorn
3248
Leukerbad
14
Salgesch
Sierre
Massongex
Sion
Bramois
9
Chamoson
St.Maurice
Ensegne
Vissoie
Pissevache
Saillon
Fully
1
Saxon
Val de Nendaz
Val d'Hérémence
Val d' Hérens
Val d' Anniviers
Zinal
Vernayaz
7
Martigny
Verbier
TVB
Tour du Val de Bagnes
Evolène
12
Les Valettes
2
1436
Champex
TVH
Tour du Val d' Herens
Les Haudères
Ferpècle
Genfer See
3
Orsières
Val de Bagnes
Fionnay
11
Arolla
Praz de Fort
Barrage de Mauvoisin
10
4
Mt. Collon
3637
Viddes
Lac de Mauvoisin
Val d'Entremont
8
La Fouly
Bourg St-Pierre
Grand Combin
4314
M. Dolent
3819
TDC
Tour des Combins
Ferret
6
5
Mt. Vélan
3731
TMB
Tour du Mont-Blanc

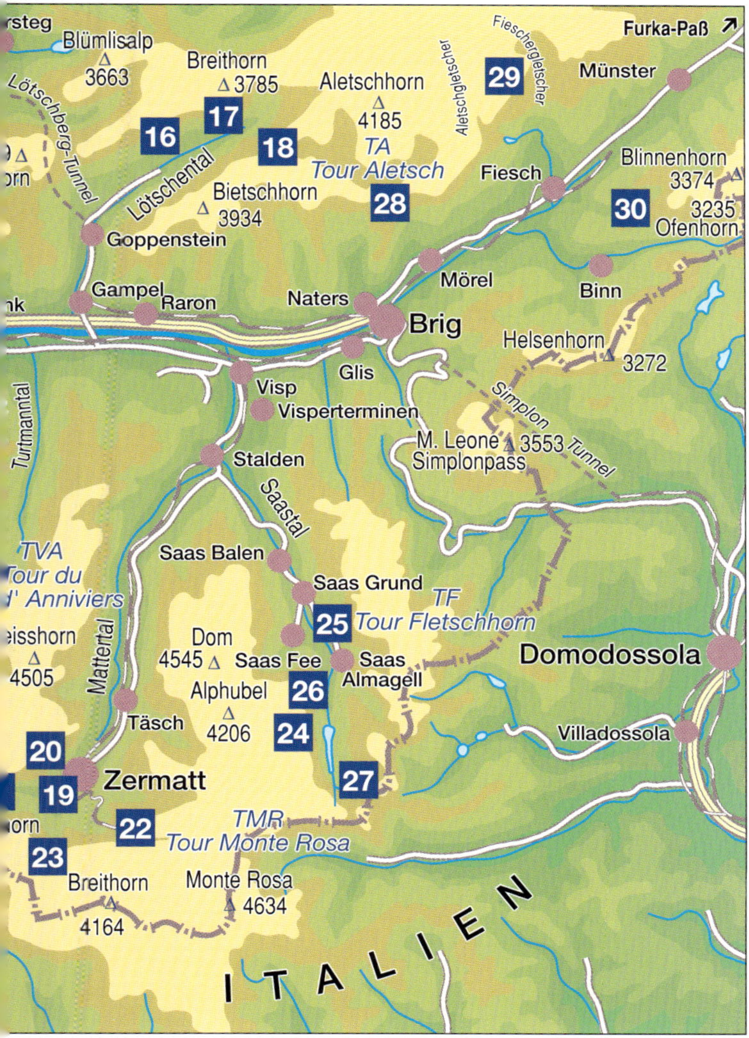

rsteg
Blümlisalp
3663
Breithorn
3785
Aletschhorn
4185
Fieschergletscher
Aletschgletscher
Furka-Paß
Münster
29
Lötschberg-Tunnel
16
17
18
TA
Tour Aletsch
28
Lötschental
Bietschhorn
3934
Fiesch
Blinnenhorn
3374
30
3235
Ofenhorn
Goppenstein
Gampel
Raron
Naters
Mörel
Binn
Brig
Glis
Helsenhorn
3272
Visp
Visperterminen
Turtmanntal
Simplon
Tunnel
M. Leone
3553
Simplonpass
Stalden
Saastal
TVA
Tour du
Anniviers
Saas Balen
Saas Grund
TF
25
Tour Fletschhorn
Mattertal
Dom
4545
Saas Fee
Saas
Almagell
Domodossola
4505
Alphubel
4206
26
24
Täsch
Villadossola
20
Zermatt
19
27
22
TMR
Tour Monte Rosa
23
Breithorn
4164
Monte Rosa
4634
ITALIEN

Einführung

Wallis, Land der Kontraste, mit sonnenverbrannten Hängen, denen die Bauern mittels uralter Bewässerungsmethoden Erträge abringen, grünen Alpweiden und fruchtbarer Rhôneebene.

Hier findet der Wanderer alles auf geringe Distanz vereint, wozu er sonst weit reisen müßte: **mediterranes Palmenklima** im breiten Rhônetal, und – nicht weit entfernt – eisige, abweisende **Gletscherberge**, die sich über lieblichen Almen auftürmen.

Historisch bedeutend infolge seiner Lage schon vor der *Römerzeit*, hatte das Wallis eine stürmische und wechselhafte Geschichte, die sich in Kunst und Kultur niederschlug. Nach der Römerzeit und im Mittelalter wurde das Wallis immer wieder von kriegerischen Auseinandersetzungen vielfältiger weltlicher und kirchlicher Interessengruppen zwischen **Bern, Savoyen, Mailand, Rom** und **Wien** »gebeutelt«. (Darum sind nur noch selten Bauwerke aus dem 11. oder 12. Jahrhundert erhalten. Wohingegen ab dem 16. bzw. 17. Jahrhundert relativ viel erhalten blieb.) Schließlich bildeten sich kleine eigenständige Länder, die »Zenden« mit Hauptorten, anfänglich sieben zwischen **Sion** und **Goms**; später kamen die drei Zenden des **Unterwallis** dazu. Schließlich trat das Wallis als 20. Kanton der Eidgenossenschaft bei.

Vielfach findet man die Spuren der *Kelten* und *Römer*, die als erste die Paßübergänge nutzten, als Versorgungs-, Kriegs- und Handelswege. Berühmte Forscher, Reisende, Maler, Dichter und Philosophen folgten. Sie zog dieses Land der Gegensätze ebenso an wie die alpinen Erschließer, Engländer zumeist, und auch heute noch immer die namhaften Bergsteiger und ganz normale Wanderer, die Freude an Gegensätzen haben.

Nirgends kann man so leicht an ein Gletschertor gelangen oder »trockenen« Fußes oder ungefährlich hoch über einem solchen Eisriesen durch grüne Matten wandern, zu grandiosen Aussichtspunkten der Walliser Alpen mit Ausblick auf zahlreiche Viertausender.

Zu alledem bietet der Führer eine Auswahl kürzerer und längerer Wanderungen, die meist auch »kinderleicht« sind. Dabei folgen wir den Spuren der *Kelten, Römer, Walser*, betrachten **Bauernkultur, Weinberge**, sehen kulturhistorisch interessante **Kirchen**, bedeutende **Schlösser, Kapellen, Kreuze am Weg** und besuchen informative Museen.

Auf den **Märkten** können wir eine Kostprobe nehmen, denn hier treffen würziger Almkäse mit köstlichem Wein und wohlschmeckenden Früchten der Ebene zusammen. Bei der Wanderung durch die **Weinberge** bringt die »Degustation« beim Weinbauern eine Abwechslung in die Tour. **Alte Bewässerungssyste-**

Würzigen Almkäse, köstlichen Rot- und Weißwein und schmackhafte Würste (»Saucissons«) finden wir auf den Walliser Märkten.

me (Suonen, Bisses) begleiten teilweise unseren Weg, beeindruckende Klammen werden besucht, einer Staumauer in den »Bauch« geschaut.

Für Schlechtwetter finden sich Empfehlungen unter den Rubriken »Öffnungszeiten« und »Weitere Attraktionen«. Am Weg liegende Sehenswürdigkeiten sind erwähnt, ebenso die Rundtouren, die in den einzelnen Tälern möglich sind.

Das Wallis verfügt über ein umfangreiches, sehr gut erschlossenes **Wanderwegenetz**, das zudem ausgezeichnet markiert ist. Man kann sich praktisch nicht verlaufen. Die Wandergebiete sind durch **Seilbahnen** gut erreichbar, was wir bei einigen Touren als Aufstiegs- oder Abstiegshilfe nutzen.

In dieser üppigen Gegend kommt auch das leibliche Wohl nicht zu kurz. Hinweise sind innerhalb der Tourenvorschläge und im Infoteil am Schluß des Führers enthalten.

Während der Sommersaison finden im Wallis zahlreiche **kulturelle Veranstaltungen** (Musikfestivals, Konzerte, Freilufttheater) statt, zumeist in den Zentren **Martigny, Sion, Sierre, Brig**. Beliebt sind die **Kuhringkämpfe**, interessant auch diverse **Viehmärkte** und der **Almabtrieb** mit geschmückten Kühen, wobei man die »Milchkönigin« weiß schmückt, die »Hörnerkönigin« (Kuhkämpfe) rot.

Ins Wallis kann man auf verschiedenen Wegen gelangen: aus der **Innerschweiz** über den **Furkapaß**, wo bei der Paßhöhe die Lebensader des Wallis, die Rhône (auch Rotten, Rhodden), sehr beeindrukkend dem **Rhônegletscher** entspringt. Oder man steigt »quer« ein, kommt per Bahn (oder Autofahrer mit Bahnverladung) von **Bern** über das **Kandertal** durch den **Lötschbergtunnel** herunter nach **Gampel/Susten**. Italienreisende gelangen über den **Simplonpaß** nach **Brig**.

Man kann das **Rhônetal** aber auch von der sanften, gemütlichen, flachen Seite her angehen, vom **Genfer See**, und sich langsam aufwärts bewegen, das Wallis ganz allmählich »entdecken«. So wie mit diesem Führer. Viel Spaß dabei!

1 Rhônetal – Gorges du Trient

Schattige Schlucht in heißer Umgebung

km	2,75
Etappen	2
Stunden	0,75
Höhenunterunterschied	50

Talorte
Massongex (339 m), St. Maurice (414 m) Pissevache (430);

Etappen
- *Kultur: Massongex – St. Maurice – Pissevache;*
- *Tour: Vernayaz (453 m) – Trient-Schlucht (500 m); zurück gleicher Weg*

Tourencharakter
Kurze, leichte, beeindruckende Schluchtwanderung, mit nur geringfügiger Steigung. Bequemer Fußweg im Felsen oder auf Holzsteg

Sehenswertes am Weg
Massongex: röm. Mosaik. St. Maurice: Mauritius-Abtei, Kirchenschatz, mittelalterliche Gebäude; Pissevache-Wasserfall

Wegmarkierung
Frühling, Sommer (offen 1. Mai bis 30. September)

Besondere Ausrüstung
Achtung: Gelände ist feucht; rutschfeste Schuhe, ggf. Anorak erforderlich

Altersgruppen
Für Kinder geeignet

→ Der Talort, der dieser Wanderung bewußt zugeordnet wurde, liegt etliche Kilometer entfernt vom Ausgangsort. Autofahrer sind hier im Vorteil.

Wenn man vom Genfer See kommend rhôneaufwärts fährt, rücken die bewaldeten, relativ hohen, mächtigen Berge immer näher zusammen, bis sie hinter Massongex bei **St. Maurice** (Römersiedlung Agaunum) einen düsteren, felsigen Engpaß (keltisch: Acaunum = Stein) bilden, der in früheren Zeiten als ausgesprochen gefürchtet galt.

Für Spürnasen unter den Kulturfreunden lohnt es sich, die Fahrt bereits vorher in *Massongex* zu unterbrechen und hier nach etwas zu suchen, das man z. B. eher in Rom, Aquilea oder Ostia Antica vermuten würde: In einem von außen eher unscheinbaren, an der Ortsstraße bei der Kirche gelegenen Haus, dem Restaurant »Caveau Romain«, befindet sich in einer Bodenvertiefung im Erdgeschoß ein hervorragend erhaltenes **römisches Mosaik** aus dem 1. Jahrhundert.

Es zeigt zwei Faustkämpfer im Lendenschurz (links der angriffsbe-

Der berühmte, »künstlich« angelegte »Pissevache«-Wasserfall zwischen St. Maurice und Martigny entzückte viele Maler und Dichter.

reite Schüler mit »caestus«, Handschuhen aus Leder, metallverstärkt, rechts der Lehrer, der seinen Schüler unterweist). Zwischen ihnen die Siegespalme. Es ist übrigens das einzige erhaltene Mosaik aus dieser Zeit, das man im Wallis gefunden hat.

In der romanischen Kirchenmauer von **Massongex** (röm.: Tarnaiiae) eine Tafel mit einer dem Sextus Varenus Priscus gewidmeten Inschrift. 1976 fand man bei Arbeiten am Rhônebett einen römischen Brückenpfeiler: Indiz für einen strategisch bedeutenden Rhôneübergang!

In *St. Maurice* fällt uns rechts beim Ortseingang der imposante romanische Kirchtum der **Mauritius-Abtei** auf, der das Gemäuerkonglomerat von Kirchen und Basiliken an düster-grauer Felswand überragt. Die ursprüngliche Basilika wurde über dem Standort eines römischen Tempels erbaut. Man verehrte darin Merkur, den Wegegott. Am Fuß der hohen Felswand floß eine (Heil)-Quelle, die den Nymphen geweiht war (1995 freigelegt).

Die Abtei entstand nicht grundlos: Etwa 286 n. Chr., Martigny war Hauptstützpunkt im Wallis, hielt sich Aurelius Valerius Maximilianus, mit dem sich Kaiser Diocletian die Regierungsgewalt teilte, mit seinen Legionären dort auf. Eine Legion aus Theben (Niltal) war hierher beordert worden, um Christen zu verfolgen. Da geschah das Unerhörte: diese »Thebäer«, viele von Ihnen selbst Anhänger dieser »neuen Religion« verweigerten den Gehorsam. Maximilianus ließ den Anführer der Aufständischen, Mauritius, samt seinen Befehlshabern bei Agaunum enthaupten, den Rest hinmetzeln. Dem Brauch gemäß wurden die 6 000 Mann an Ort und Stelle bestattet.

Im 4. Jahrhundert ließ Bischof Theodor (Theodul) von Octodurus, den Märtyrer Mauritius und einige seiner Getreuen umbetten und um 370/380 über der neuen Grabstätte eine Kirche erbauen (das Grab des Hl. Mauritius wurde erst im Sommer 1995 freigelegt).

Im 5. Jahrhundert entstand bereits eine Wallfahrtskirche. König

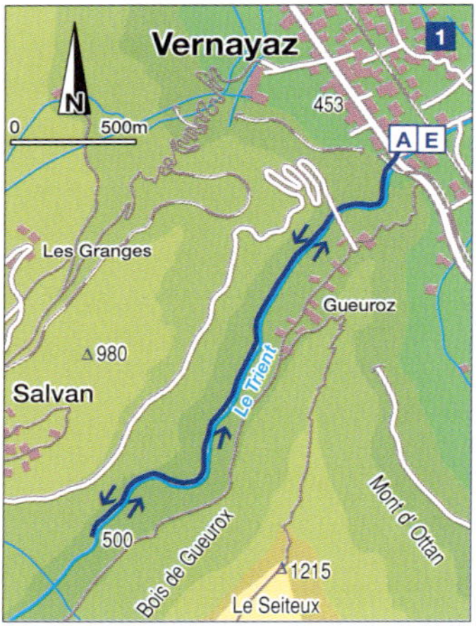

Sigismund von Burgund begründete 515 hier die erste Abtei im Wallis, baute eine Basilika. Steinschläge, Kriege und Feuer beschädigten oder zerstörten die Gebäude. Unverdrossen jedoch bauten die Mönche immer wieder neue Kirchen an gleicher Stelle. Erst im 17. Jahrhundert gab man den ursprünglichen Platz (heute Ausgrabungsstätte) auf, errichtete weiter vorne die noch bestehenden Kirchen.

Wir besuchen die beeindruckende Basilika, lassen uns durch Ausgrabungsstätte und Krypta führen. Danach besichtigen wir den **Kirchenschatz**, der mit einer der bedeutendsten in Europa ist. Man hütet den »Trésor« wie Fort Knox, denn er besteht aus einmaligen Kunstwerken vieler Epochen wie u. a. einer edelsteinverzierten Sardonyxvase (1./5. Jh.), kostbarsten Silber- und Goldschreinen (ab 7. Jh.), einer Goldkanne byzantinischen Ursprungs von Karl dem Großen (8. Jh.), dem auf einen geschnitzten Holzkern gearbeiteten silbernen Büstenreliquiar des Hl. Candidus mit Kopf (12. Jh.).

Bei der Weiterfahrt auf der Landstraße Richtung **Martigny** sollte eine Verschnaufpause bei dem berühmten, von vielen Dichtern (u. a. Goethe) und Malern gewürdigten, »Pissevache«-Wasserfall eingelegt werden. Er ist der Idee eines reichen Grundbesitzers des 18. Jahrhunderts zu verdanken und entspringt aus »künstlichen« Felsen.

Die anschließende Wanderung bringt Abkühlung. Sie beginnt an einer größeren Gumpe unter hohen besonnten Felswänden. Wir gehen den Kiesweg unter den Felsen entlang. Eine Wegbiegung – es wird schattig – und ein in der Wand befestigter Holzsteg nimmt uns auf. Die hohen Felsen treten immer näher zusammen, lassen kein Sonnenlicht mehr hinunter. 200 Meter über uns »überbrückt« die Straße nach Salvan den tiefen Felsspalt (Brücke von Gueuroz). Moos liegt auf dem Gestein, Farn; ein paar Bäumchen klammern sich weiter droben überm Abgrund fest. Der Trient tobt mit Getöse durch die Schlucht, schlägt die rundgeschliffenen Felsbrocken mit der Wucht seines Schmelzwassers aneinander, gischtet zuerst türkisblau, dann gefährlich petrolgrün unter uns. Es wird immer enger, der Fels drängt herunter, klappt fast über uns zusammen. Wir müssen uns bücken, winden uns den Steg entlang. Endlich wird es heller, weiter. Wir sind »durch«; schauen hinauf und hinaus, ehe wir den Rückweg zwischen den engen Felsen, zurück zur Sonne, antreten.

Informationen zur Tour

Ausgangsort

Vernayaz (453 m): Landstraße St. Maurice – Martigny, ca. 300 m nach Ortsende von Vernayaz, rechts bei Kiosk (mit Parkplatz).

Anfahrt

Anfahrt mit Auto oder Bahn

Einkehrmöglichkeiten

• Massongex, Café/Restaurant »Caveau Romain« • St. Maurice: etliche Hotels/Restaurants im Zentrum, auch Schnellimbisse. • Am Pissevache: Parkplatz und Restaurant »La Cascade« mit Sonnen-Terrasse. • Vernayaz: Gorges du Trient, Kiosk (= Kasse) bei Schluchteingang.

Öffnungszeiten

St. Maurice: Abtei Tel. 025/651181 (Öffnungszeiten u. Führungen differieren); Militärmuseum 10-12 u. 14-17 Uhr auß. Mo. Tel. 025/652458.

Unterkünfte

• Campingplatz: St. Maurice: »Fôret du Bois-Noir«, 1* (ZW), Tel. 026/671176; • Les Marécottes: »Van d'En Haut«, 1* (ZW), Tel. 026/611373.

Tourist Information

St. Maurice: Tel. 025/652777, <0 24/4 85 27 77>, Fax 025/653211 (645 Hotelbetten). Gges du Trient: 8.30–18.30 Uhr, Tel. 026/641613.

Karte

SLK 1325 »Sembrancher« 1:25000

Weitere Attraktionen

St. Maurice: Tennis, Hallenbad; Feengrotte, Tel. 025/651045. Le Bouveret (Genfer See): Miniatureisenbahnpark (12 000 m^2) Tel. 025/814410. Bex: Salzbergwerk, Tel. 025/632462. Salvan/Les Marécottes: Alpenzoo, im Sommer ab 9.00 Uhr, Winter ab 11.00 Uhr bis abends offen, Tel. 026/611562.

Tourenmöglichkeiten

Le Chatelard (1116 m): Dinosaurierspuren-Wanderung. Finhaut: Stausee Lac d'Emosson (1930 m).

2 Val d'Entremont – Gorges du Durnand

Kühner Steig hoch über tobenden Wassern

km	2,5
Etappen	3
Stunden	1/1,5
Höhenunter-unterschied	200

Talort
Martigny (476 m)

Etappen
- *Kultur: Martigny (476 m);*
- *Tour: Les Valettes (626 m) – Gorges du Durnand Eingang (906m) – oberer Schluchtausgang (1103 m) – Abstieg durch Wald zum Eingang (906 m)*

Tourencharakter
Kühner Steig an glatter Felswand über gischtenden Gletscherwassern. Aufstieg Holzsteig, Abstieg über Waldpfad; Holzplanken meist naß und glitschig. Kleinere Kinder beaufsichtigen (evtl. sichern)

Sehenswertes am Weg
Martigny: Schloß La Batiaz, alte Holzbrücke, Kirche Nôtre-Dame-des-Champs, Rathaus mit Glasmalerei, Grand'Maison, Amphitheater; im Museum: Reste eines gallorömischen Tempels; oberhalb Les Valettes: Durnand-Schlucht

Günstigste Jahreszeit
Mai bis September

Besondere Ausrüstung
Rutschfestes Schuhwerk, Anorak

Altersgruppen
Für Kinder geeignet

→ In Martigny fällt uns als erste Sehenswürdigkeit rechts oben am Hang der imposante Rundturm (Savoyardenturm) des **Schlosses La Batiaz** aus dem 13. Jahrhundert auf. Unterhalb an der Dranse die überdachte Holzbrücke aus dem 14. Jahrhundert (erneuert im 19. Jh.).

Martigny (Octodurus, Forum Claudii Vallensium) ist seit jeher bedeutender Verkehrsknotenpunkt im Wallis.

Unter Claudius (41–54 n. Chr.) erfolgte die Gründung des Forums Claudii Vallensum, das später gar zur Hauptstadt der Poeninischen Alpen wurde, und ein beachtlich großes Amphitheater (»beim Fischteich« nahe der Bahnlinie) besaß, das gut 6000 Personen Platz bot. Vor etwa hundert Jahren begann man in Martigny mit Ausgrabungs- und Restaurierungsarbeiten. Die unter Schlamm- und Brandschuttschichten verborgene **Reste des Amphitheaters** legte man frei und römische Straßenteile. Neben vielen Kunstschätzen wurden u. a. wertvolle Fragmente von Bronze- und Marmorstatuetten (Aphrodite) ausgegraben (Museen Martigny und Sion). Das Amphitheater wird heutzutage für viele kulturelle Zwecke genutzt (Konzerte, Freilufttheater, bis zu den beliebten Kuhkämpfen). Um den freigelegten **gallo-römischen Tempel** ist dank der Stiftung Pierre Gianadda das *archäologische Museum* erbaut worden, das neben dem Valeria-Museum (Sion) und dem Hospizmuseum auf dem Grand Saint Bernard die umfangreichen Funde aus der Römerzeit präsentiert.

Nach dem Amphitheater gehen wir ins benachbarte Museum Gallo-Romain.

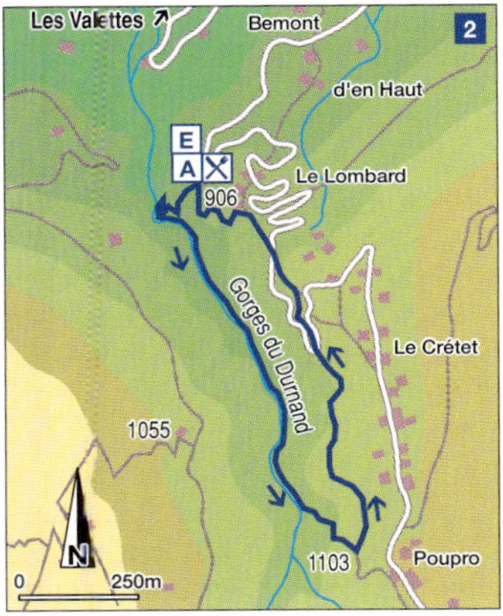

Auf jeden Fall lohnend der Weg ins überschaubare Zentrum (Markt ist donnerstags vormittags) mit der **Kirche Nôtre-Dame-des-Champs** (17. Jh.) mit romanisch-gotischem Glockenturm und Rokokoaltar, Haus Supersaxo (1440), das Patrizierhaus Manoir Ganioz (1730). Das Rathaus (1867) ist sehenswert, weil es die mit 55 m^2 größte Glasmalerei der Schweiz von Edmond Bille (1949) enthält.

Danach winkt eine Pause unter den Arkaden und Platanen des südländisch wirkenden Hauptplatzes oder vor dem früheren **»Grand' Maison«** bei Café-au-lait oder ein Gläschen Dôle. Der Blick geht dabei zur Holzbrücke und hinauf zur Burg Batiaz, mit ihrer wechselhaften Geschichte: Kardinal Matthias Schiner überantwortete sie im 16. Jahrhundert seinem Bruder. Sein Feind Georg auf der Flüe »Supersaxo« jedoch stürmte und besetzte sie vier Monate, bevor er sie abfackelte. Kaspar Jodok Stockalper, Schloßherr aus Brig, brachte dort schließlich im 17. Jahrhundert Suste und Handelsgeschäft unter.

Das »Grand' Maison«, ehemals Herberge und wichtiger Stützpunkt für Pferdewechsel oder Übernachtung nach den Paßüberschreitungen, hat schon eine Menge prominenter Häupter beherbergt; und darüber gibt es die unglaublichsten Anekdoten. Eine Tafel in der Hauswand zeugt von diesen illustren Gästen.

Exponat aus dem modernen Skulpturenpark des Museums Gallo-Romain der Stiftung Pierre Gianadda in Martigny.

Doch nun lechzen wir nach Abkühlung. Vom Ortsteil Le Bourg fahren wir die Straße 2,5 Kilometer Richtung Gd. St. Bernard hinauf nach **Les Valettes** (626 m); und von dort weiter Richtung Champex (schmal, kehrenreich). Nach etwa 2 Kilometern rechts bei einer Kurve der Gasthof »Gorges du Durnand« (Eingang/Kasse), mit einem kleinen Parkplatz (906 m).

Die hohe, schwere Eingangstür fällt hinter uns ins Schloß. Jetzt gibt es kein zurück mehr, nur noch den Weg hinauf, der vorher nicht einsehbar ist. Wir stehen überrascht in der ausgesetzten **Durnance-Schlucht**, am Beginn eines kühnen massiven Holzsteigs, dessen Bohlen und Planken fest in der linken Felswand verankert sind. Über uns nichts als hohe glatte Granitwände, unter uns die gischtende Gewalt des tobenden weißen Wassers. Von allen Seiten plätschert's und sprüht es herunter. Schier endlos geht es an steiler Wand immer weiter aufwärts. Die manchmal glitschigen, feuchten Holztreppenstufen fordern Schritt für Schritt unsere volle Aufmerksamkeit. Die Wässer toben so laut, daß man sich nur in allernächster Nähe verständigen kann. Man fühlt sich wie unter einer gigantischen Sprinkleranlage. Kinder freut so was mächtig, besonders, wenn sie vorher »Pflastertreten« mußten. Es macht Spaß, und man ist recht enttäuscht, droben nach einer Kehre plötzlich im Wald zu stehen. Dort geht es auf einem Pfad noch ein kurzes Stück bergauf (1103 m), bevor man per Wegweiser wieder nach links hinuntergeleitet wird. Der Waldpfad trifft eine Weile später auf die Straße und auf dieser entlang, bevor er wieder links im Wald seine Fortsetzung findet. Bald schon ist unser Ausgangpunkt wieder erreicht, wo wir auch einkehren können.

Informationen zur Tour

Ausgangsort

Les Valettes (626 m): Gasthof und Eingang »Gorges du Durnand« (906 m), 2 km oberhalb Les Valettes an Straße Richtg. Champex.

Anfahrt

Bahn oder Bus nur bis Les Valettes; oder mit Auto bis Schluchteingang

Einkehrmöglichkeiten

Verschiedene hübsche Restaurants und Cafés im Zentrum von Martigny. Café-Restaurant »Gorges du Durnand« Tel. 026/222077. Brücke von Gueuroz/Restaurant (über Trientschlucht) Tel. 026/641897.

Öffnungszeiten

Martigny: Gallo-Römisches Museum, Skulpturenpark und hochinteressantes, originelles Automobilmuseum, Wechselausstellungen (1996 z. B. »Manet«) alle: Fondation Pierre Gianadda, (Mitte Mai – Mitte Okt. tägl. 9.00 – 19.00 Uhr; sonst diff. Öffnungszeiten) Tel. 026/223978, Fax 026/225285.

Unterkünfte

- Campingplatz: Martigny: »El Capio«, 2* (ZW), Tel. 026/225573.
- Champex (ausführliche Informationen siehe Tour 3).
- Jugendherberge Champex (siehe Tour 3).

Tourist Information

Martigny: Office du Tourisme, Place Centrale 9, CH-1920 Martigny, Tel. 026/212220,
<027/7 21 22 20>
Fax 026/212224 (476 Hotelbetten). Gorges du Durnand: Tel. 026/222077.

Gorges du Durnand: Ein kühn gebauter Holzsteig führt an steiler, glatter Felswand oberhalb weißgischtender Wasser empor.

Karte

SLK 1325 »Sembrancher«, 1:25000.

Weitere Attraktionen

Martigny: Musikkonzerte, Freilufttheater, Tennis, Squash, Reiten, beheiztes Freibad.

Tourenmöglichkeiten

Chemin-Col des Planches (1411 m); Pierre Avoi (2473 m): ab Martigny lange, anspruchsvolle Tour, kurz über Mayens de Riddes/Tzoumaz (1520 m) u. Seilbahn (2354 m); Wanderg. vom Col de la Forclaz (1526 m) Les Petoudes, Le Peuty nach Trient (1300 m).

3 Val d'Entremont/Ferret – Val d'Arpette

Liebliches Almtal unter grauen Felstürmen

km
ca. 7
Etappen
5
Stunden
2/2,5
Höhenunter-unterschied
235

Talort
Orsières (901 m)

Etappen
- *Kultur: Orsières (901 m)*
- *Tour: Seende Champex – alte Mühle (1498 m) – obere Alp d'Arpette (1650 m) – Durnand-Quelle (1712 m) – alte Mühle (1498 m) – Champex Alpingarten (1477 m)*

Tourencharakter
Breiter Waldweg und schmalerer Pfad durch lichten Wald entlang einer kleinen, aber feinen »Bisse« (gefaßtes Wasser); teils eben, teils mäßige Steigung. Leichte Wanderung auf gut markierten Pfaden vom großen See zum kleinen Wasser (Bisse) auf eine malerische, aussichtsreiche Hochalmfläche.

Sehenswertes am Weg
romanischer Glockenturm. Champex: Bisse, Alpengarten »Flor Alpe«

Günstigste Jahreszeit
Mai bis November

Altersgruppen
Für Kinder geeignet

→ Von Martigny geht's entlang der Dranse in Richtung Großer St. Bernhard. Ein Engpaß scheint den Weg zu versperren; und dieser Wegabschnitt war früher oft unpassierbar. Etwa, wenn die unbändige Dranse, hier schon aus ihren drei Armen vereint (nämlich Dranse de Ferret, Dranse d'Entremont und Dranse de Bagnes), wieder einmal zum unheilbringenden Monster geworden war (1595 und 1818, als die Flutwelle auch in Martigny großen Schaden anrichtete). Die Talbewohner fürchteten sich vor der Schlange, der »Ouivre«, wie sie sie nannten, diese unheimliche Natter, die droben über den Felsen hauste, und sich immer wieder einmal von den Almen über die Hänge schlammig zur Dranse herunterwälzte, um darin zu baden; auf ihrem Weg menschenfressend, alles zerstörend. Mit Brand- und Schwefelgeruch tauchte sie dann, ungeheure Wellen schlagend, unter und verschwand. Wir aufgeklärten Zeitgenossen wissen natürlich, daß es sich um die Folgen von schlimmen Naturkatastrophen gehandelt hat,

»Flor Alpe« an einem Berghang in Champex ist ein herrlicher Alpengarten aus dem Jahr 1925 mit Blick auf den Grand Combin.

denen die Bergbewohner hilflos ausgeliefert waren.

Die Bahnlinie endet in **Orsières**. Busse fahren weiter. Alle hier verkehrenden Bahnwaggons und Busse sehen recht originell aus, denn ein überlebensgroßer »Barry«, der Ahnherr aller Bernhardinerhunde mit Holzfäßchen um den Hals ziert sie. Daneben, im Konvoi die Mönche, schwungvoll skifahrende Männer in schwarzen Soutanen...

In Orsières (20 km von Martigny) sollte man es nicht versäumen, den noch verbliebenen **alten romanischen Glockenturm** (11. u. 14. Jh.) bei der neuen Dorfkirche (1896; Fenster 1961 von Monnier) zu betrachten, der bestückt ist mit steinernen Köpfen und als einer der ältesten im Wallis gilt. In seinem Innern steht eine alte Kapelle mit einem schönen Fresko (St. Georgs-Messe).

Von *Som-la-Proz* (986 m) steigt die Straße nach Champex in unzähligen Kehren 400 Höhenmeter steil den grasigen verbrannten Sonnenhang, der früher voller Erdbeerkulturen war, hinauf.

Champex (1477 m) den Skitourengehern der Haute Route ein »Winter«-Begriff, entpuppt sich ohne Schnee als wahres Kleinod, nicht nur wegen des Ausblicks auf den Grand Combin. Von hohen Bergen im Osten und Westen umsäumt, hat es auch durch den kleinen See ein unerwartet mildes Klima, ist als Ferienziel geeignet fürs Kind bis zum Uropa.

Vom Südende des Sees führt ein breiter Waldweg oberhalb entlang, den wir Richtung Talstation der La Breya-Seilbahn einschlagen. Unser Blick fällt dabei nach rechts hinüber auf das mächtige Massiv des Catogne. Die Gelehrten haben sich schon darüber gestritten, ob dieser – wegen der eigentümlichen Gipfellandschaft – womöglich ein erloschener Vulkan sei. Er ist keiner.

Bei einer kleinen, fast verfallenen Mühle zweigt ein Pfad nach links ab zu den *»Petit Rousses«*. Wir können nun entlang eines munter daherspringenden gefaßten Wasserlaufes einer kleinen »bisse« (zu deutsch »Suone«), weiterwandern. Eine ganze Weile geht es so hinauf, durch lichten Wald, um den Hang herum, immer entlang an diesem kleinen, kraftvollen Wasser, bis wir schließlich an eine kleine Schleuse gelangen, wo der von oben kommende Durnand-Wildbach gestaut und nach zwei Richtungen (Gorges du Durnand, und via »bisse« zum

Unser Wanderweg ins Val d'Arpette führt von der La Breya-Seilbahn-Talstation aus entlang der kleinen, munter daherspringenden »Bisse«.

Lac de Champex) abgeleitet wird. Ein kurzes Wegstück gehen wir noch im Wald bergan, bis wir auf eine Fahrstraße treffen, die zur unteren Arpette-Alm führt. Wir haben eine wunderschöne **Hochalmfläche** erreicht, auf der allerlei Sumpfblumen gedeihen und das Wollgras seine leuchtend weißen Büschel präsentiert. Unser Ziel, die **obere Alp d'Arpette** mit der Durnand-Quelle (1712 m), ist bald erreicht. Wir schauen hinauf zum Col des Ecandies (Haute-Route) und zum Fenêtre d'Arpette, das die TMB-Geher überqueren auf dem Weg ins Val Trient.

Unser Rückweg führt wieder zur kleinen Mühle, danach vorbei an der La Breya Talstation, hinunter zur Straße. Auf dieser weiter Richtung Champex und zum **Alpengarten »Flor Alpe«**, der mit einzigartigem Panorama ein sehenswertes Stück alpiner Landschaftskultur darstellt. Erbauen ließ ihn 1925 der Schweizer Industrielle Aubert. Er wird von der Universität Neuchâtel betreut. Auf einem Hektar Gelände gedeihen am Berghang zwischen Teichen und Bächen weit über 2000 Pflanzen-, Blumen-, Strauch- und Baumarten aus aller Welt.

Informationen zur Tour

Ausgangsort

Champex (1477 m): südl. Seende des Lac de Champex (1477 m), unterhalb der Kirche.

Anfahrt

Bahn Martigny–Orsières: ab dort mit Bus Orsières-Champex oder Auto

Einkehrmöglichkeiten

Untere Alp d'Arpette (1627 m). Champex: etliche Restaurants und Cafés im Ort; am südl. Ortsrand mit herrlichem Tiefblick ins Tal und Aussichtsterrasse zum Grd. Combin Hotel-Restaurant »Splendide«. Die

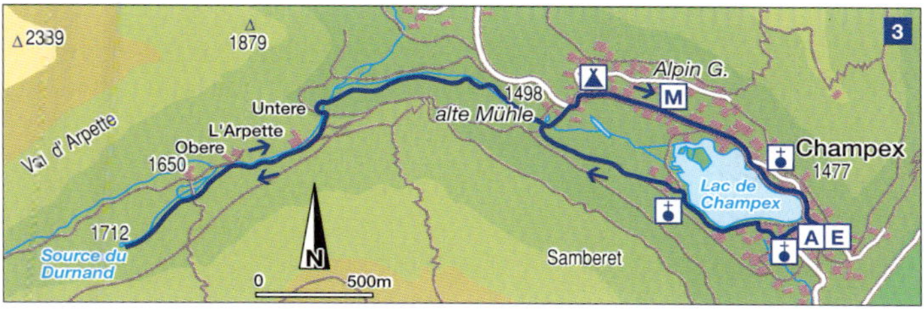

Spezialität »Raclette au feu de bois« kann man genüsslich essen im »Le club Alpin« und »Le Vieux Champex«.

Öffnungszeiten

Champex: Alpingarten »Flor Alpe« offen Mai–Oktober, diff. Öffnungszeiten, Tel. 026/83 12 17. Orsières: Molkerei, offen tägl. 8–11 Uhr, Tel. 026/83 29 56 (siehe auch Tour 4 und 5).

Unterkünfte

Campingplätze: • Champex: »Les Rocailles«, 3* (ZW), Tel. 026/83 19 79, Fax 026/83 12 16.
• Sembrancher: »La Prairie« (ohne*) (ZW), Tel. 026/85 22 06, Fax 026/85 21 31 • La Fouly (Campingplatz und Touristenlager, siehe Tour 4).
• Jugendherberge: CH-1938 Champex, Chalet »Bon Apri«, Tel. 026/83 14 23, Fax 026/83 31 76 (70 Betten).
• Touristenlager gibt es in einigen Hotels.

Tourist Information

Orsières: Office du Tourisme CH-1937 Orsières, Tel. 026/83 15 31 <027/7 83 15 35>, Fax 026/83 33 03 (990 Hotelbetten, 1700 in Chalets u. Appartem.). Champex-Lac: Office du Tourisme CH-1938 Champex-Lac, Tel. 026/83 12 27 <027/7 83 12 27>, Fax 026/83 35 27 (1470 Betten). Bergführerbüro: Praz-de-Fort, Tel. 026/83 29 49.

Karten

SLK 1345 »Orsières", 1:25000.

Weitere Attraktionen

Champex: Tennis, beheiztes Freibad, Angeln, Bootfahren, Reiten, Mountainbiking, Paragliding, Klettern.

Tourenmöglichkeiten

Tour du Montblanc (TMB); u. a. Catogne (2598 m); La Breya (2200 m; Sessellift), Orny-Hütte (2811 m), Trient-Hütte (3170 m).

4 Val Ferret – Dranse de Ferret

Wildbach mit hochalpiner Kulisse

km	8,5
Etappen	2
Stunden	3
Höhenunterunterschied	440

Talort
Orsières (901 m)

Etappen
La Fouly (1593 m) – Saleina (1207 m) – Praz-de-Fort (1151 m)

Tourencharakter
Leichte, gut markierte Wanderung bergab, entlang an einem naturbelassenen Wildbach. Lichte Waldbereiche und baumfreie Almwiesen an der linken Hangseite oberhalb der Dranse; Almversorgungswege wechseln ab mit schmalen Pfaden; gelegentlich etwas Trittsicherheit erforderlich

Sehenswertes am Weg
Saleinazmoräne mit »Märchenwald« aus Felsblöcken. Saleina: Museum »de la vie d'autre fois« der Marguerite Künzi

Wegmarkierung
Markierungen sind in wechselnder Ausführung anzutreffen: »chemin pédestre« (Fußweg), gelbe Ortsschilder mit gelegentl. Zeitangabe (z.B. »Praz de Fort 2.20«), gelbe Wandermarkierungen oder rote TMB-Schilder

Günstigste Jahreszeit
Mitte Mai bis Oktober/ November

Altersgruppen
Für Kinder geeignet

→ Von Orsières fahren wir am besten mit dem Bus nach La Fouly, denn wir kehren nicht zum Ausgangspunkt der Tour zurück. Autoparkplatz ca. 150 m vor dem Ortseingang.

Die Fahrt ins **Val Ferret** ist im Frühsommer besonders reizvoll. Ab Mitte Juni stehen die weiten Wiesenterrassen in voller Blüte, mit einer Artenvielfalt, die selten in solch üppigem Ausmaß zu finden ist. Das hat seinen Grund, denn die erste Mahd des Jahres darf hier nicht vor dem 1. Juli erfolgen.

Aus den meisten der alten schwarzbraunen Stadel in den Wiesen sind inzwischen »Chalets« mit klingenden Namen geworden, haben urlaubende Menschen das Heu verdrängt.

Hinter den Almwiesen des Weilers Saleina überwindet die Straße eine bewaldete Barriere, gebildet von der gewaltigen Moräne des abgeschmolzenen Saleinazgletschers.

La Fouly schlägt uns mit seiner wilden Kulisse, dem Gletschertal unter der Neuva, in den Bann. Wer hier zelten oder im Wohnwagen übernachten möchte, findet gleich unterhalb einen Campingplatz, geführt vom Bergführer Michel Darbellay (erster Eigernordwand-Alleinbegeher) und seiner sympathischen Frau Agathe. Für TMB-Geher gibt es ein Großzelt.

Beim südlichen Ortsende von La Fouly biegen wir nach rechts ab, Richtung Campingplatz, und überqueren die Dranse (Brücke). Auf der schmalen Asphaltstraße laufen wir weiter, dem Wegweiser *Praz de Fort, Issert, Champex Orsières*, folgend. Nach wenigen Minuten befinden wir uns auf einem Waldweg.

Eine Lichtung gibt bald den Blick frei auf die links über uns senkrecht aufsteigende mächtige »Amone«-Felswand mit ihren Kletterrouten, über die sich während der Schneeschmelze oder nach Schlechtwetter die Wassermassen als mächtige Sturzbäche ergießen. Eine größere Almfläche tut sich auf unter den Wänden. Danach wird der Weg zum Pfad, steigt an, schlängelt sich durch Geröllhalden mit Wildkirsch- und Johannisbeersträuchern, Wacholderbüschen und Erlengestrüpp. Auf den sonnenwarmen Felsbrocken turnen Eidechsen, sitzen Grillen und zirpen. Rechts unterhalb rauscht die junge Dranse kräftig in ihrem polternden Steinbett. Wir durchqueren weitere Wiesen, die im Herbst übersät sind

Beispiele von Arbeitskultur: Stadel und Häuser in Som-la-Proz, dem Dorf am Ausgang des schweizerischen Val Ferret.

mit Massen von zartlila Herbstzeitlosen. Silberdisteln leuchten. Erneut Geröllhalden und Felsbrocken. Ein breiter Weg nimmt uns auf, der im pilzreichen Wald weiterführt. Das Hinweisschild *Prayon* leitet nach rechts zu einem Holzsteg über den Bach und hinüber zum Dorf.

Wir gehen jedoch geradeaus weiter. Bald darauf setzt sich unser Weg (TMB) als Pfad fort und steigt allmählich an. Hoch über der Dranse geht's jetzt dahin. Bald ist sogar etwas Trittsicherheit erforderlich, denn wir queren eine steile Steinrinne, die mit Seilsicherung versehen ist. Danach in Serpentinen abwärts und auf gleichbleibender

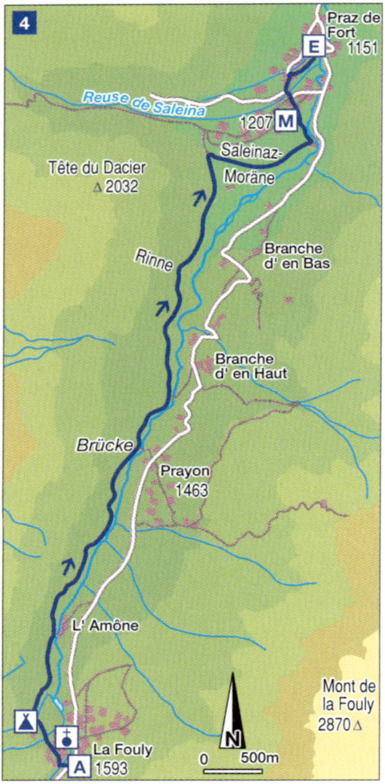

Höhe am Hang weiter. Eine Aufschrift am Felsen »Ferret – Praz de Fort« zeigt uns, daß wir noch am richtigen Weg sind. Schwarz-schiefrige Felsen und dicke, uralte Lärchen säumen unseren Steig; es folgt ein grasüberwucherter felsiger Hang mit Erlen und Haselnußstauden.

Nach wenigen Minuten zwei Betonblöcke, ein Wegkreuz. Unser Pfad biegt nach rechts ab. Etliche hundert Meter geht's schnurgerade im Wald bergab, fast wie auf einer Dammkrone. Wir befinden uns auf dem **Kamm der Saleinazmoräne** (Crête de Saleina). Durch das Verlegen einer Wasserdruckleitung ist dieser relativ breite »Spazierweg« entstanden. Um uns herum ein schattiger »Märchenwald« mit unzähligen moos- und farnüberwachsenen Felsblöcken. Dann biegt der Weg links ab in die Wiesen nach **Saleina**. Hier erwartet uns das etwas »andere« Museum der Marguerite Künzi.

Die international renommierte Malerin hat viele Jahrzehnte umsichtig Möbel, Hausrat, Gebrauchsgegenstände des bäuerlichen Lebens aus dem Tal zusammengetragen. Diese Sammlung wird ergänzt durch einige beachtliche alte Stiche, Skizzen und Fotos aus dem Wallis. Der große Eissturz (1913) des Saleinaz-Gletschers ist dokumentiert, und die Ankunft des ersten Autos in Som-la-Proz. Der Kern der Exponate sind die vielen herrlichen farbenfrohen Gemälde der Künstlerin, die auf unzähligen Reisen durch die Schweiz die bäuerliche Kultur studiert, fotografiert und mit Schwerpunkt Wallis, Trachten, Sitten und Bräuche, vor allem auch Tänze der Einheimischen in wunderschönen Bildern im Stil naiver Malerei festgehalten hat. Allein deswegen lohnt sich der Besuch hier.

Es soll jedoch dem Besucher und seiner Phantasie überlassen bleiben, sich über die zahlreichen »neolithischen« oder »keltischen« Steine, die sich auch hier befinden, ein Urteil zu bilden. Die befragten Experten, so Frau Künzi, hätten sich dazu bisher nicht verbindlich geäußert.

Der letzte Kilometer unserer Tour führt durch etwas sumpfige Wiesen nach **Praz-de-Fort**.

Informationen zur Tour

Ausgangsort

La Fouly (1593 m): Ortsausgang von La Fouly Straße Richtung Ferret, bei Wegweiser rechts über Brücke Richtung Campingplatz.

Anfahrt

Bus ab Orsières oder Auto

Einkehrmöglichkeiten

La Fouly: Hotel-Restaurants »Edelweiß« und »Les Glaciers«. Die Tour kann unterwegs (s. Ortswegweiser) bei den Weilern Prayon (1464 m), Branche d'en Haut (1380 m) zu Pausen unterbrochen werden. Praz-de-Fort: Hotel-Restaurant »de Saleinaz« (40 Lager); Café-Restaurant »du Portalet«.

Öffnungszeiten

Saleina-Museum: Juli-August, 14–17 Uhr, Mo. geschl., Tel. 026/831732. Som-la-Proz: Molkerei, Mitte Nov. bis Mitte Juni, 6.30–10.30 und 18.30–19.00 Uhr, Tel. 026/831920, Betreiber Juni–Okt. auf Alpage des Ars (siehe auch Tour 3 und 5).

Unterkünfte

• Campingplatz: La Fouly: »Des Glaciers«, 4* (ZW), Tel. 026-831735, Fax 026/833605 (siehe auch Tour 3). • Jugendherberge Champex (siehe Tour 3). • Touristenlager »Dortoirs« in vielen Hotels/Restaurants des Tals.

Tourist-Information

Orsières siehe Tour 3; La Fouly/Val Ferret Office du Tourisme, CH-1944 La Fouly, Tel. 026/832717 <0 27/7 83 2717> (Val Ferret: 1700 Betten)

Karte

SLK 1345 »Orsières«, 1:25 000

Weitere Attraktionen

Praz-de-Fort: Reitschule (siehe auch Tour 3 und 5). Kletterkurse, geführte Touren: Info Verkehrsamt La Fouly.

Tourenmöglichkeiten

Fortsetzung der Wanderung bis Issert (1055 m), nach Champex oder Som-la-Proz, Orsières.

5 Val Ferret – Lacs de Fenêtre

Aussichtsreiche Tour über einsamen Almweiden

km	10
Etappen	6
Stunden	5
Höhenunterunterschied	676

Talort

Orsières (901 m)

Etappen

- *Kultur: Issert (1055 m) – Les Arlaches (1117 m) – Ferret (Kapelle)*
- *Tour: Les-Ars-Dessous (1780 m) – Les-Ars-Dessus (1955 m) – Plan de la Chaux (2041 m) – Lacs de Fenêtre (2456 m); Rückweg auf Anstiegsroute*

Tourencharakter

Leichte Wanderung im baumfreien Almgelände auf schmalen Pfaden. Zuerst Almweg, danach schmaler Steig durch Alm- und Bergwiesengelände; weiter oben gelegentl. Trittsicherheit erforderlich

Sehenswertes am Weg

Issert: Alte Mühle. Les Arlaches: Brotofen. Ferret: Kapelle Maria zum Schnee. Alpe Ars Dessous: Gewitterkreuz

Günstigste Jahreszeit

Juli bis September (je nach Wetterverhältnissen)

Altersgruppen

Für Kinder geeignet

→ Mit dem Val Ferret haben wir uns schon durch Tour 4 bekanntgemacht. Diesmal wollen wir höher hinauf, aus der Distanz hinüberschauen zu den TMB-Wanderern und hinein in die Gletscherlandschaft des Glacier de l'A Neuve unter dem Mont Dolent und der Tour Noir.

Die Hinfahrt unterbrechen wir in **Issert**, um dort die sehr alte Mühle an der Dranse zu besichtigen. Man hatte sie 1950 aufgelassen, nachdem sie jahrhundertelang Generationen von Bauern den »lebensrettenden« Roggen gemahlen hatte. Aber von den jungen Besitzern wurde sie inzwischen liebevoll und mit viel Einsatz wieder restauriert und rekonstruiert. Der Mühlstein stammt aus dem Jahr 1200. Das nicht sehr große Holzgebäude steht auf zwei Felsen am Hang direkt über der Dranse. Wasser wird von oben über eine hölzerne Wasserleitung in die Mühle eingeleitet, nimmt nach getaner Arbeit über ein hölzernes Flügelrad seinen Weg in die Dranse.

Gleich nach Issert folgt talaufwärts der Weiler **Les Arlaches**. Es ist das einzige Dorf des Tales, das komplett am anderen Dranse-Ufer erbaut wurde, zudem direkt am Fuß eines Steilhangs. Im Winter gelangt wochenlang kein einziger Sonnenstrahl hinunter. Aber einen alten Brotofen haben sie hier noch, dessen Feuer zwischen Weihnachten und Neujahr nicht ausgeht. Die gesamte Dorfbevölkerung bäckt dann nach altem Brauch darin ihre Brote. Brotöfen wie dieser wurden von der Obrigkeit an separater Stelle am Dorfrand erbaut. Ihre Benutzung war zwingend vorgeschrieben, um zu verhindern, daß (wie die Erfahrung zeigte) nach einer privaten Brotbäckerei das gesamte Dorf in Schutt und Asche gelegt wurde.

Wir gelangen zum letzten Weiler des Tales, **Ferret**.

Beim Ortseingang links am Hang steht seit 1707 die **Kapelle Notre-Dame-des-Neiges** (Maria zum Schnee). Allen Fährnissen hat sie seither Dank ihres Namens getrotzt, wirkt mit ihren dorischen Säulen, die den überdachten Vorbau tragen, fast südländisch-fremd in der herben, rauhen Umgebung. Eine kleine Barockmadonna steht beschützend in einer Nische überm Eingang.

Diese Kapelle wurde – wie viele andere von der Bevölkerung in durch Naturgewalten heimgesuchten Gebieten – zum Schutz gegen die »bösen Berggeister und Dämonen« erbaut.

Einen Kilometer talaufwärts hinter Ferret liegt die Alpage Les Ars Dessous. Hier beginnt unsere

Im Aufstieg zu den Lacs de Fenêtre; Blick auf Mont Dolent (links), Tour Noire und, ganz rechts, Pointes des Six Niers.

Tour. Es riecht nach saurer Milch und Käse. Wir wandern den breiten Almweg geradeaus entlang Richtung *Les Ars Dessus*.

Früher wurden von Hirtenbuben, die abwechselnd bei verschiedenen Bauern nächtigten und von diesen verköstigt wurden, jeden Morgen die Ziegen der Dörfer abgeholt, zur Alp hinaufgeführt, droben gehütet und abends wieder zurückgebracht. Um die Tiere mitzulocken, blies der Hüterbube kräftig in sein Horn. Auch die Kühe wurden jeden Tag hin- und hergeführt. Dabei blieben sie schlank und gaben weniger Milch. Im Val Ferret gab es einen großen Frauenaufstand, als beschlossen wurde, diese Praxis zu ändern und die Tiere sommers ganz droben auf den Almen zu lassen.

Der Almweg steigt nur allmählich an. Auf der gegenüberliegenden Talseite die Weideflächen mit der Alpe La Peule. Der Peule-Bach durchbricht als Wasserfall die Fels-

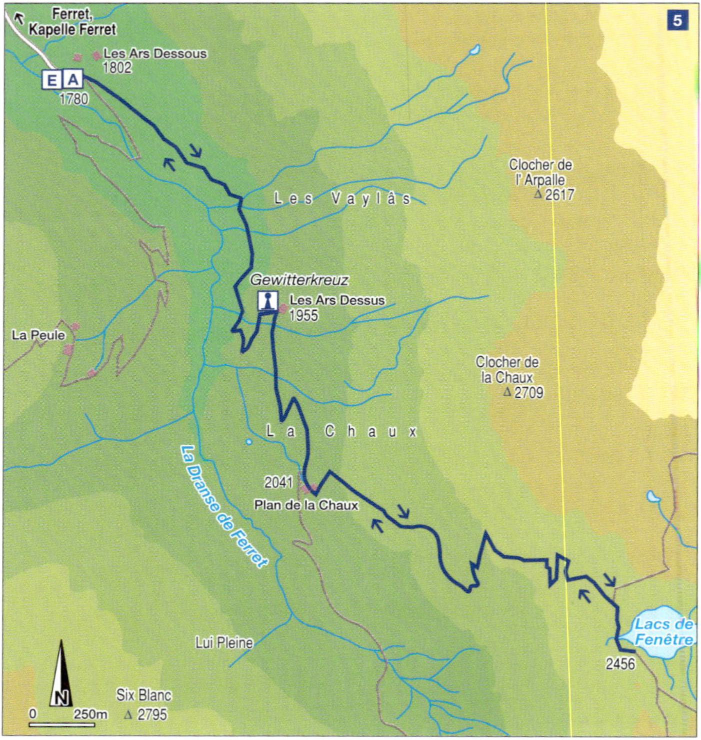

barriere unterhalb. Wir erreichen die obere **Alm Les Ars Dessus** (1955 m) mit ihrem wunderschönen, von Wind und Wetter silberfarben gewordenen Holzkreuz, das vor Gewittern und Naturgewalten schützen soll. Hier haben wir einen grandiosen Ausblick hinüber zu Mont Dolent, Tour Noir und l'A Neuve mit den Gletscherkaskaden.

Weiter geht's, zur **Alpage Plan de la Chaux** (2041 m). Jetzt beginnt ein schmaler Steig, der durch die Hochalmwiesen unterhalb der Clocher de la Chaux kräftig ansteigt. Nun können wir hinunterschauen in ein einsames, unwegsames Tälchen, in dem die Dranse de Ferret entspringt. Kein Wunder, daß im Sommer 1995 ein wildes Tier (Wolf oder

Bär) im Ferrettal sein Unwesen trieb und viele Schafe tötete. Danach verschwand es genau so plötzlich, wie es aufgetaucht war.

Auf den Wiesen herrliche Blumen. Der Pfad steigt steil bergan, windet sich schließlich hinauf durch ein paar Schrofen, bis, zum Schluß etwas schweißtreibend, unser Ziel, die **Lacs de Fenêtre** (2456 m), erreicht sind.

Die Schutzkapelle Notre-Dame-des-Neiges (Maria zum Schnee) steht am Ortseingang von Ferret und stammt aus dem Jahr 1707.

Informationen zur Tour

Ausgangsort

Ferret (1700 m): Almstraße unterhalb Alpe Ars Dessous (1780 m).

Anfahrt

Bus ab Orsières oder Auto

Einkehrmöglichkeiten

Gasthöfe in Ferret und in La Fouly.

Öffnungszeiten

Issert: Mühle, offen Mai bis Mitte Okt. oder Tel. 0 26/83 15 42; siehe auch Touren 3 und 4.

Unterkünfte

• Campingplatz: La Fouly (siehe Tour 4). • Jugendherberge Champex (siehe Tour 3). • Touristenlager in etlichen Häusern im gesamten Val Ferret.

Tourist Information

Val Ferret/La Fouly (siehe Tour 4).

Karte

SLK 1365 »Gd. St. Bernard«, 1:25 000

Weitere Attraktionen

Kletterschule in La Fouly; (siehe auch Touren 3 und 4).

Tourenmöglichkeiten

Übergang zum Gd. St. Bernard. Übergang über Gd. Col Ferret ins ital. Val Ferret. Von Lacs de Fenêtre Übergang über Col du Bastillon (2757 m) nach Bourg St. Bernard (1927 m).

6 Val d'Entremont – Chalet d'Amont/Cabane de Valsorey

Unter den Gletschern von Grand Combin und Mont Vélan

km
8,75
15,75

Etappen
6/10

Stunden
3,5/8

Höhenunter-
unterschied
565
1398

Talort
Orsières (901 m)

Etappen
- *Kultur: Liddes: Alte Bausubstanz, St. Laurentkapelle (1505), Stephanskapelle – Großer St.-Bernhard-Paßhöhe (2469 m): Museum, Krypta, Klosterkapelle, Bernhardinerhunde, Römerstraße.*
- *Tour: Bourg-St.-Pierre (1632 m) – Alp Cordonne (1834 m) – Chalet d'En Bas (2020 m) – Chalet d'Amont (2197 m) und auf Anstiegsroute zurück. Oder weiter hinauf: Grands Plans (2529 m) – Cabane Valsorey (3030 m); Rückweg auf Anstiegsroute*

Tourencharakter
Freies Almgelände, weiter oben Moränenhänge und gelegentlich Schrofen; bis Chalet d'Amont leichte Wanderung auf Alm- und Bergpfaden; zur Valsoreyhütte lang, hochalpin, Ausdauer und Trittsicherheit erforderlich.

Sehenswertes am Weg
Bourg-St.-Pierre: Kirche, Dorfkern mit Häusern aus dem 15./16. Jh., alte Abtei. Alpingarten »La Linnaea«.

Wegmarkierung
Weiß-rot-weiße Markierung

Günstigste Jahreszeit
Juli bis September (je nach Wetterverhältnissen)

Altersgruppen
Für Kinder geeignet; Valsoreyhütte nur für ältere, im Bergwandern geübte Kinder zu empfehlen

→ Von Orsières fahren wir die Paßstraße hinauf Richtung Gd. St. Bernard. Es lohnt sich, unterwegs einen Blick hineinzuwerfen in den schönen, alten Weiler **Liddes**.

Wir kommen nach **Bourg-St.-Pierre**. Im harmonischen Dorfkern gibt es noch einige Häuser aus dem 15. und 16. Jahrhundert, auch die alte Abtei steht noch. Bourg-St.-Pierre war früher bedeutender Stützpunkt an der Straße über den Jupiterberg, (röm. »Mons Jovis«) vorher »Mons Penninus« genannt.

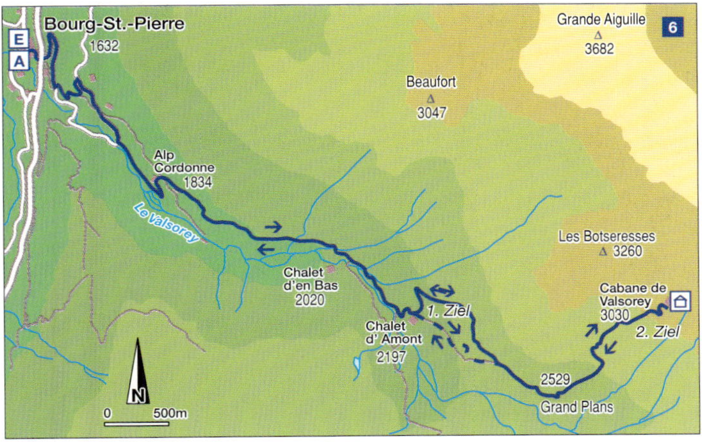

Im östlichen Teil der Friedhofsmauer steht ein römischer Meilenstein aus der Zeit Konstantins, der »24 Meilen bis Octodurus« (Martigny) anzeigt (ein zweiter noch erhaltener befindet sich in Martigny). Beim Bau des frühromanischen Kirchturms (der älteste im Wallis) wurden weitere antike Säulen für die Fensteröffnungen verwendet. Auf der Westseite des Turms unter einem kleinen Vordach die heilige Apollonia, eine gotische Wandmalerei.

Der **Alpingarten »La Linnaea«** liegt im felsigen Hügelgelände des zerstörten Schlosses du Quart zwischen ehemaliger Römerstraße und der alten Paßstraße unterhalb. Er enthält eine große Palette von Alpinpflanzen, heimischen Gewächsen und Pflanzen der Umgebung, außerdem eine einige artenreiche Biotope.

Nun zu unerer Wanderung. Eine geteerte Almstraße führt vom Ortsende unter der Umgehungsstraße hindurch ins **Valsoreytal**. Hin und wieder kürzt ein Wiesenpfad ab. Bald endet die Straße, und wir wandern auf einem Steig allmählich weiter hinauf durchs blumenreiche Almgelände.

Bald ist ein Blick auf die Eiskappe des Vélan zu erhaschen. Auch der Grand Combin erlaubt erste Einsicht in seine zerrissenen Gletscher. Rechts oben ein silberfarbenes, elipsenförmiges Gebilde, das am Grat gestrandet zu sein scheint. Es ist die 1993 erbaute funktionelle neue Vélanhütte. Eine Brücke führt über den Bach, der weiter droben weißgischtend durch Steinhalden

An der Westseite des Turmes der Kirche von Bourg-St.-Pierre finden wir eine gotische Wandmalerei mit der heiligen Apollonia.

mäandert. Das **Chalet d'Amont** (2197 m) ist erreicht. Wer nicht weitergehen möchte, kann diese Stelle als *Ziel* nehmen.

Geländeerprobte, konditionsstarke Wanderer können jedoch dem **Grand Combin** näher auf den Pelz rücken und zweigen links ab zur **Valsoreyhütte**. Der Steig, anfänglich noch mäßig steil, umgeht eine Felswand, führt zunächst weiter über grüne Matten, um danach immer steiler über den mächtigen Hang unterhalb des Glacier du Meitin emporzuleiten. Zuletzt geht's in Kehren durch eine Felszone zur Cabane Valsorey (3030 m). Der Ausblick zur Montblancgruppe und auf die gewaltige Gletschermasse des Mont Vélan entschädigt uns für die Mühe. Wir genehmigen uns eine kräftige Hüttenbrotzeit mit einem Roten dazu und machen uns recht zufrieden wieder auf den langen Rückweg.

Wer noch einen Tag dranhängt, oder vorher die Wanderung abgekürzt hat, sollte nicht versäumen, zum **Großen Sankt Bernhard-Paß** hinaufzufahren. Dort lohnt es, das Museum zu besuchen mit seinen umfangreichen Exponaten von Funden aus der Umgebung (u. a. Münzsammlung ab der Bronzezeit, eine Jupiterstatue), des weiteren Tiere, Mineralien, Votiftafeln u.v.m. Im gegenüberliegenden Gebäude die Krypta (13. Jh.) und die Klosterkapelle (17. Jh.) mit Barockfresken und wunderschönem Nußbaumchorgestühl. Römische Gedenktafeln draußen in der Hauswand. Im Haus Marmortafeln, die an Napoleon erinnern, dessen Heer mit über 40 000 Mann, 5 000 Pferden, 50 Kanonen und 8 Haubitzen zwischen dem 14. und dem 20. Mai 1800 den Paß überschritt, vor der Schlacht bei Marengo.

Ein dem Jupiter Poeninus geweihter römischer Tempel (der höchste im Reich) stand einst auf der Paßhöhe. Die von schweren Wagenrädern tief in die Felsen gekerbten Rillen kann man auf dem erhaltenen Teil der Römerstraße südlich der Paßhöhe noch gut erkennen. Wer Glück hat, findet vielleicht noch römische Tonscherbenfragmente...

An den Begründer des Hospizes (11. Jh.) erinnert die große Bernhard-Statue am Paß. Bernhardinerhunde existierten nachweislich ab 17. Jh.: »Barry I.« war zwölf Jahre im Einsatz, starb 1814 in Bern, wo er – ausgestopft – im Naturhistorischen Museum »weiterlebt«.

Informationen zur Tour

Ausgangsort

Bourg-St.-Pierre (1632 m): Ortsende, links oberhalb der Kirche.

Anfahrt

Von Orsières mit Bus oder Auto auf der Paßstraße

Einkehrmöglichkeiten

Gasthöfe in Bourg-St.-Pierre, Cabane de Valsorey (Tel. 026/871122). Restaurant am Gd.-St. Bernard.

Öffnungszeiten

Bourg-St.-Pierre: Alpenfelsengarten »La Linaea«, offen Ende Juni bis Okt., Tel. 026/871142. Paßhöhe Gd. St. Bernard: Kirchenschatz, Museum und Bernhardinerhundeställe, offen ca. Ende Juni bis Sept., 9.00–18.00 Uhr, Tel. 026/871236.

Unterkünfte

• Campingplatz: Sembrancher »La Prairie« (ZW), Tel. 026/852206, Fax 026/852131 (siehe auch Touren 3–5) • Jugendherberge Champex • Touristenlager in einigen Hotels an der Paßstraße.

Tourist Information

Liddes/Bourg-St.Pierre: Office du Tourisme CH-1946 Bourg-St.-Pierre, Tel. 026/871142 <027/7871271> (680 Betten).

Karten

SLK 1345 »Orsières«, SLK 1366 »Mont Vélan« und SLK 1346 »Chanrion«, alle 1:25000; oder SLK 5003 Montblanc – Grand Combin 1:50000.

Weitere Attraktionen

Bourg-St.-Pierre/Liddes: beheiztes Freibad, Tennis, Fischen, Klettern, Mountainbikeparcours.

Tourenmöglichkeiten

Von Bourg-St.-Pierre zur Vélan-Hütte (2642 m); oder von Liddes zum Mont Brulé (2572 m); oder über Col de Mille (2473 m) ins Val de Bagnes; oder Bourg-St.-Pierre – Gd. St. Bernard-Paßhöhe (2469 m) = Etappe der TDC (Tour des Combins).

7 Val d'Entremont – Col du Lin (Lein)

Auf historischen Pfaden zu den Schalensteinen

km	Etappen	Stunden	Höhenunter-unterschied
4,5	3	2/2,5	351

Talort
Sembrancher (714 m)

Etappen
- *Kultur: Vollèges: gotischer Kirchturm; Levron.*
- *Tour: Levron (1307 m) – Col du Lin (Lein) (1656 m); Rückweg auf Anstiegsroute*

Tourencharakter
Saumweg durch südseitiges Weide- und Waldgelände, mäßig steil. Leichte Wanderung auf historischem Paßweg

Sehenswertes am Weg
Levron: malerischer Dorfkern, verschachtelte Bauernhöfe, Stadel. Col du Lin: Schalensteine

Günstigste Jahreszeit
Mai bis Ende Oktober

Altersgruppen
Für Kinder geeignet

→ Von Sembrancher fährt man Richtung Val de Bagnes, biegt jedoch gleich nach links ab, Richtung Vollèges – Levron.

Vollèges liegt auf einem riesigen Kegel, der vor langer Zeit entstand, als aus dem Pierre-Avoi-Massiv (Les Déforans) ein Fels- und Geländeausbruch erfolgte. Man munkelt, daß damals, im 13. Jahrhundert, ein Dorf mit Mann und Maus begraben wurde. Der teuflische Merdenson-Bach (von »merde« abgeleitet) stockte das Gelände gelegentlich noch auf durch wüste Überflutungen und Murgänge. Wie die »Ouivre« (Tour 3), hat auch dieser Merdenson seine Legende. Der Teufel in Bocksgestalt mit glühenden Augen hauste auf einer verfallenen Burg nahe Levron, bewachte dort einen Schatz. Wenn er einen Schatzsucher erwischte, soll er ihn mit Getöse in die Schlucht des Merdensonbaches hinabgestoßen haben.

Vorbei am Weiler Cries, mit alten Gehöften und bunten Bauerngärten. Von dort hat man einen ersten sehr schönen Blick hinein ins Val de Bagnes; Starkstromleitungen weisen auf genutzte Wasserkraft hin.

In vielen Kehren windet sich die Straße zur Sonnenterrasse von **Levron** hinauf. Im Ort gibt es nur wenige Parkplätze am alten Hauptplatz. Hier, beim Brunnen, startet unsere Wanderung.

Vor oder nach unserer Tour unternehmen wir einen Rundgang

durch das Dorf, das auf historischem Boden steht. Beim Bau der neuen Dorfkirche wurden drei Keltengräber aus dem 1. Jahrhundert v. Chr. samt Grabbeigaben gefunden (Glasarmband, Vase, Ringe, Gefäße). Auch römische Münzen fand man in der Erde; sogar ein neolithisches Steinbeil. Die Funde liegen im Valeriamuseum in Sion. An das Gräberfeld unterhalb der alten Straße, die Richtung Verbier verläuft (»Tombay«), erinnert hier nichts aber auch gar nichts mehr.

Im intakten Dorfkern alte verschachtelte Bauernhöfe mit üppigen Blumen, Mangold, Kohl, dicken Pflaumen und Birnen in den Gärten

Der größere der beiden Schalensteine (die Fläche mißt etwa 2 x 3 m) am Col du Lin mit herrlich vielen, verschieden geformten Schalen.

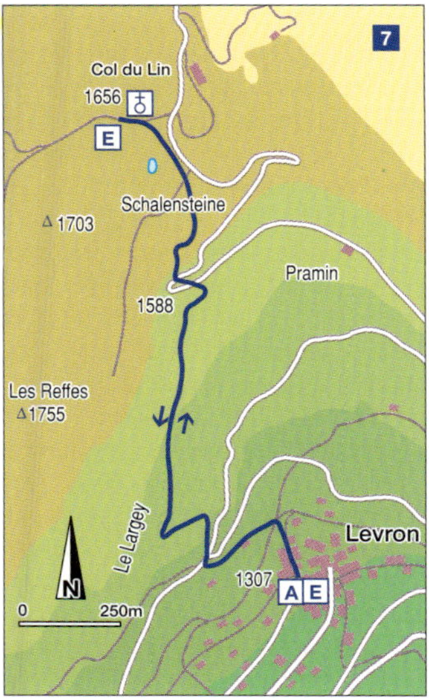

davor. Die Misthaufen sind zum Teil noch mit Felsplatten begrenzt; sehenswert die aneinandergereihten alten Stadel am östlichen Dorfrand mit Türen, die keinen einzigen Eisennagel enthalten. Bei der Post befindet sich noch ein Haus mit einer Wendeltreppe im Innern.

Der Weg über den Col du Lin war ein schon vor der Römerzeit benutzter Übergang zwischen Rhônetal und dem Gr. St. Bernhard, da man den Engpaß der Dranse zwischen Martigny und Sembrancher meist nicht passieren konnte. Wir begeben uns nun, dem historischem Pfad folgend, auf spannende Spurensuche.

Vom Dorfbrunnen (Wegweiser »Col du Lin«) gehen wir links am

Wo früher das Gräberfeld »Tombay« lag, wächst heute - unterhalb der alten Straße Richtung Verbier - Getreide

Wirtshaus vorbei, das Sträßchen bergan. Die Straße gabelt sich; wir halten uns links. Bei einer Verzweigung folgen wir dem Schild »chemin pédestre«; die Asphaltierung hört auf.

Der Blick zurück zeigt uns alle drei Dranse-Täler: das Val de Bagnes, das Val d'Entremont Richtung St. Bernhard und das Val Ferret, dahinter Eisbarrieren. Rechts droben der Pierre Avoi (Pierre à voir = Stein zum Sehen), einer der vier Aussichtsberge des Wallis neben Bella Tola, Eggishorn und Torrenthorn.

Bald nimmt lichter Lärchenwald unseren alten Saumpfad auf. Wir gelangen an die schmale Asphaltstraße, die zum Col hinaufführt, gehen darauf einige Meter nach rechts, bevor der Weg links im Wald weiterführt. Später bei einer Gabelung wieder links. Der alte Paßweg ist hier mit Gestein bepflastert, grasbewachsen. Schöne halbschattige Waldabschnitte wechseln ab mit Lichtungen; Disteln und Orchideenpflanzen gedeihen hier, auch viele Pilzarten, Moose und Flechten. Wir gehen unter einer langezogenen Felszone dahin. Es ist einsam hier, an diesem wenig begangenen Saumweg. Immer wieder öffnen sich hinreißende Ausblicke in die Täler auf die Eisberge im Süden. Erneut gelangen wir zur Straße, queren eine Kehre. Steigen noch kurze Zeit im Wald bergan und kommen dann auf eine große Weidefläche. Und nun wird es gleich spannend. Werden wir sie finden, die beiden Schalensteine?

Tatsächlich: 50 Meter vom Waldrand entfernt, in nördlicher Richtung gesehen, liegen die zwei Schalensteine völlig unbeachtet in einer Kuhweide. Der größere, eine flache Gesteinsplatte von etwa 2 x 2,5 x 3 x 2 Metern, liegt etwa 15 Meter links (westlich) vom Weg. Er hat herrlich viele »Schalen« (kreisrunde Vertiefungen verschiedener Durchmesser und Tiefen; zwei durch eine Rille verbundene wirken wie eine stilisierte Hantel). Der kleinere, etwa 1 Meter im Quadrat, mit drei zusammenhängenden

Schalen (wie ein Kleeblatt) liegt östlich davon direkt rechts am Weg. Schauerlich, daß auf diesem Stein womöglich Blutopfer erfolgten, um die Götter (heidnische Kultstätte) gewogen zu machen. Man rätselt aber auch noch darüber, ob Schalensteine eventuell astrologische Bedeutung hatten oder als Orientierungszeichen dienten, da sie meist auf Anhöhen oder Paßwegen anzutreffen sind.

Informationen zur Tour

Ausgangsort

Levron (1307 m): Dorfplatz.

Anfahrt

Bahn bis Sembrancher, von dort Bus nach Levron; oder mit Auto

Einkehrmöglichkeiten

Levron: »Café du Village« (ein weiteres Restaurant am Ort). Col du Lin: im Sommer bewirtschaftete Alm.

Öffnungszeiten

Verbier: Musée Hameau et Espace Alpin (siehe Touren 2– 6, 8).

Unterkünfte

• Campingplatz Sembrancher: »La Prairie« (ZW), Tel. 026/852206, Fax 026/852131.

• Jugendherbergen Champex (siehe Tour 3) und Bruson (siehe Tour 8).

Tourist Information

CH-1933 Sembrancher, Tel. 026/852206 <0 27/7 85 22 06> (370 Betten). CH-1936 Verbier, Tel. 026/316222 <0 27/7 71 62 22>, Fax 026/313272 (25 000 Betten).

Karte

SLK 1325 »Sembrancher", 1:25 000.

Weitere Attraktionen

Sembrancher/Verbier: Tennis, Hallenbad, geheiztes Freiluftbad, Golf, Angeln, Reiten, Montainbiking, Gleitschirmfliegen, Alpinschule, Sommerskilauf.

Tourenmöglichkeiten

Von Levron Übergang Col des Planches (1411 m) – Martigny. Pierre Avoi (2335 m). Col du Tronc (1606 m), Übergang Col du Lin nach Sapin Haut (1044 m), Saxon; sowie Touren rund um Verbier.

8 Val de Bagnes – Lac de Tsofereit

Vom großen Stausee zum lieblichen Almsee

km	14,75 19
Etappen	6/10
Stunden	5 6/7
Höhenunter-unterschied	608 797

Talort
Le Châble (821 m)

Etappen
- *Kultur: Le Châble: ehem. Kastellanei, alte Wohnhäuser, Maison de Commune, Kirche St. Maurice, diverse Museen.*
- *Tour: Parkplatz Mauvoisin (1841 m) – Staumauer (1964 m) – Les Fontanes (2306) – Lac de Tsofereit (2572 m) und auf Anstiegsroute zurück oder weiter hinauf: Col de Tsofereit (2630 m) – Cabane de Chanrion (2462 m); Rückweg auf Anstiegsroute*

Tourencharakter
Leichte Wanderung zwischen Wassern und Eisgipfeln im Naturschutzreservat; anfangs gesperrte Fahrstraße und Almweg, später Steig durch baumfreies Almgelände oberhalb des Lac de Mauvoisin

Sehenswertes am Weg
Mauvoisin: Staudamm, Wasserfälle des Giétrogletschers

Günstigste Jahreszeit
Mitte Juli bis Mitte September

Altersgruppen
für Kinder geeignet; bis Chanrion für ältere, ausdauernde Kinder

→ Von Sembrancher fahren wir zum Hauptort des Val de Bagnes, **Le Châble**. Die Orte Châble und Villette, durch die Dranse getrennt, besitzen einen gemeinsamen Bahnhof.

Eine Brücke führt von Villette über die Dranse nach Le Châble. Hier wollen wir uns vor oder nach der Tour umsehen.

Hinter der Brücke rechts fällt ein mittelalterliches Haus auf, die ehemalige Kastellanei, die den Äbten von St. Maurice (siehe Tour 1) als Sommerresidenz diente. Auch zur Linken befinden sich noch einige alte Wohnhäuser. Sie alle haben die Katastrophe von 1818 überstanden, als, ausgelöst durch Eissturz vom Giétrogletscher, eine 30 Meter hohe Wasserwalze das enge, steile Tal verderbenbringend hinunterraste. 130 Häuser wurden weggerissen, 34 Menschen getötet. Die Flutwelle überspülte noch in Martigny die Häuser bis zum ersten Stockwerk. Zuvor hatte schon 1595 ein solches Unheil das Tal getroffen.

Ausschnitt des Kirchenportals von St. Maurice in Le Châble. Der in Stein gehauene Kopf mit bösem Gesicht sollte Geister abwehren.

Am gemütlichen Dorfplatz das Maison de Commune, das unterm First das Tal-Wappen trägt: auf blauem Grund zwei Badende im Holzzuber, darüber Sonne und Sterne. Eine Gedenktafel in der Hauswand erinnert an Jean-Pierre Perraudin (1767–1858) und seine Gletscherforschung.

Wir gehen zur sehenswerten **Kirche St. Maurice** (16. Jh.) mit ihrem wuchtigen gotischen Turm (1488; Glocke von 1650). Im Eingangsportal rechts ein in Stein gehauener Kopf mit bösem Gesichtsausdruck (zur Abwehr von Geistern). Im Kircheninnern beeindrucken Rundsäulen mit knospengeschmückten Kapitellen, geschnitzte Seitenaltäre (1704) und vor dem Chor ein kunstvolles schmiedeeisernes Gitter (1683). Im angrenzenden Friedhof spiegelt sich bäuerliche Tradition wider. Nicht wenige Grabmäler sind mit vielerlei Getier bestückt: Kühe, Schafe, Pferde oder Gems und Steinbock. Mancher Grabstein ist auch mit bäuerlichem Arbeitsgerät verziert.

Nun fahren wir talaufwärts. Der enge, steile Talschluß mit der hohen Staumauer läßt gar nicht vermuten, welch herrliche Matten sich da droben über dem See auftun.

Ob die Ortsbezeichnung **Mauvoisin** (mauvais = schlecht) mit den Unglücken zusammenhängt, darüber läßt sich spekulieren. Der 1958 fertiggestellte Staudamm wurde Anfang der neunziger Jahre von ursprünglich 237 auf stolze 250 Meter aufgestockt. Der See wird jedoch nicht voll geflutet.

Von der Dammkrone können wir einen Blick werfen auf den einstigen Bösewicht, den Giétrogletscher, der ziemlich zurückgezogen, über steilen Flanken züngelt und als Zei-

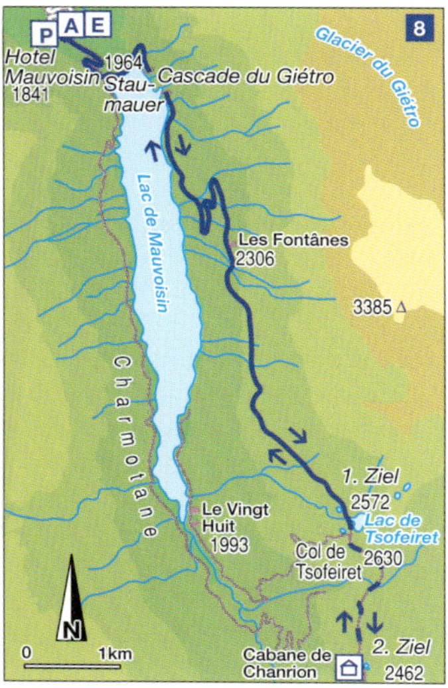

Am Beginn der Wanderung in das Val de Bagnes beeindrucken die mächtigen Wasserfälle, die sich in den Lac de Mauvoisin ergießen.

chen seiner Stärke zwei gewaltige Wasserfälle in den See schickt. Untertunnelt und durch die Galeriefenster ist diese Wassergewalt samt Regenbogenlichtspielen faszinierend zu erleben.

Wir gehen ostseitig auf breitem Weg oberhalb des milchig-türkisen Sees entlang. Bei heißem Wetter ist es erfrischend hier. Denn man wird ständig angesprüht. Von allen Seiten stürzen, plätschern oder tröpfeln die Wasser über die Hänge hinab, die teils in Form steiler, rostbrauner Felsen oder grasiger Schrofenhänge zum See abfallen. Auf einer Rippe gelangen wir über einen Pfad in freies Almgelände oberhalb der Felsen. Bald ist das **Hochplateau Tsofereit** erreicht, wo sich ein herrlicher Weitblick bietet: hinüber zum wuchtigen Klotz des Grand Combin und Richtung Süden, wo sich der Mont Gelé aufbaut. Für weniger Gehfreudige ist beim Lac de Tsofereit das *Tagesziel* erreicht.

Wer weiterwandern möchte, steigt zum **Col de Tsofereit** hinauf, wo sich die von Ruinette, Mont Blanc de Cheilon und Pigne d'Arolla herunterziehenden Gletscher einsehen lassen. Ein kurzer Abstieg, und die **Chanrionhütte** erwartet uns mit einfachem Essen, Getränk oder einem Lager.

Informationen zur Tour

Ausgangsort

Mauvoisin (1841 m): Parkplatz (Postbushaltestelle) beim Hotel-Restaurant Mauvoisin unterhalb der Staumauer des Lac de Mauvoisin.

Anfahrt

Bahn bis Le Châble, ab da Bus bis Lac de Mauvoisin; oder Auto

Einkehrmöglichkeiten und Übernachtung

• Le Châble: »Café de la Place« im Zentrum (Raclette), u. div. weitere Gasthöfe.
• Fionnay: Hotel-Restaurant du Grand Combin (20 Betten, Touristenlager) ganzj. offen.
• Bonatchesse: Café de la Promenade (Camping möglich), nur Sommer.
• Hotel-Restaurant »Mauvoisin« (20 Betten, Touristenlager), nur Sommer.
• Cabane de Chanrion, Tel. 026/38 12 09.
• Campingplatz Bonatchiesse, »Fôret des Mélèzes«, 2* (ZW), Tel. 026/36 16 81, Fax 026/36 15 41. Sembrancher (siehe Tour 7).
• Jugendherberge Bruson, CH-1934 Bruson, Tel. 026/36 23 56, Fax 026/67 13 12 (40 Betten).

Öffnungszeiten

Le Châble: Musée Le Châble: Öffnungszeiten abhäng. v. Ausstellungen, Tel. 026/36 15 25. Villette: Museum »Ancienne demeure« (= altes Wohnhaus) auf Anfrage, Tel. 026/36 13 17; »Forge Oreiller« (Schmiede: Glockenherstellung) auf Anfrage, Tel. 026/36 14 94. Lourtier: Museum »Jean-Pierre Perraudin« (Gletschermuseum) auf Anfrage, Tel. 026/38 12 88. Sarreyer: Sägerei und Mühle, auf Anfrage, Tel. 026/38 12 86.

Tourist Information

Office du Tourisme Val de Bagnes CH-1934 Le Châble/Bruson, Tel. 026/36 16 82 <027/7 76 16 82>, Fax 026/36 15 41 (2000 Betten).

Karte

SLK 1346 »Chanrion", 1:25000

Weitere Attraktionen

Le Châble/Villette: Tennis, Reiten, Mountainbiking, Paragliding, Angeln, geführte Touren: Wanderungen, Eis- u. Klettertouren; Alpinschule, Sommerskilauf.

Tourenmöglichkeiten

Übergang nach Liddes/Val d'Entremont. Cabane Brunet (2103 m). Cabane Panossiere (2671 m; herrlicher Blick zum Grand Combin). Cabane Mont-Fort (2457 m). Mauvoisin – Cabane Chanrion (Etappe der TVB Tour du Val de Bagnes und TDC), weiter über Fenêtre de Duran, alpe de Thoules = Etappe der TDC Tour des Combins.

9 Rhônetal – Saillon/Chamoson

Wein, falsches Geld, Höhlen und eine »bisse«

km	Etappen	Stunden	Höhenunterunterschied
1,5 2,5	3/3	0,5 0,75	45/0

Talorte
Saillon (510 m), Chamoson-Grugnay (722 m)

Etappen
- *Kultur: Saillon; Grugnay*
- *Spaziergänge: a) Rundweg Saillon (510 m) – Burg (555 m); b) Grugnay (763 m) – Mühle (761 m), Rückweg wie Hinweg*

Tourencharakter
a) Burghügel; b) Baum- und Wiesengelände, entlang einer kleinen Bisse. Aussichtsreiche Spaziergänge über den Weinbergen des unteren Rhônetals

Sehenswertes am Weg
Saillon: Stadttor, Bayard-Turm, Barockkirche. Grugnay: Höhlenmuseum

Günstigste Jahreszeit
Frühling, Herbst; aber auch ganzjährig möglich

Altersgruppen
Für Kinder geeignet

→ Bei dieser zweiteiligen Unternehmung steht »Kultur« im Vordergrund.

Im unteren Rhônetal beherrschen drei Türme, die miteinander in Sichtkontakt stehen, das Bild: der Turm von Batiaz (Martigny), rhôneaufwärts die gegenüberliegenden Türme vom Saxon und Saillon.

Saxon und Saillon, beides im Mittelalter bedeutende Orte, deren Glanz inzwischen verblüht ist. Saxon, auf waldigem Hügel unterhalb von Bella Tola und Col du Lin gelegen (Dostojewski hat sich im dortigen Casino dreimal um Kopf und Kragen gespielt, hegte gar Suizidabsichten). **Saillon**, gegenüber, am trockenen Sonnenhang, umgeben von Weinbergen, war berühmt wegen seiner Thermalbäder, die unterhalb des Burghügels im Tal liegen.

Hier begegnen wir zum ersten Mal hautnah den Weinbergen, aus denen der köstliche Wein stammt, den wir inzwischen schon kennen- und schätzen gelernt haben.

Der Wein hat im Wallis eine lange Tradition; bereits die Römer führten den Rebenanbau ein. Saillon liegt an der Weinstraße (»Le chemin du vignoble«), die in Branson, unterhalb von Fully beginnt.

Saillon ist ein beschauliches, mittelalterliches Dorf mit einer noch

Der Bayard-Turm aus dem 13. Jahrhundert und Mauerreste sind noch übriggeblieben von der Burg Saillon, die Teil eines mächtigen Befestigungssystems war.

intakten Stadtmauer und steilen engen Gässchen und Durchlässen. Nahezu jedes Haus besitzt einen Weinkeller; ausgediente Weinpressen dienen als Blumenkübel. Ein fast baufälliges Gebäude besitzt einen kreuzrippenähnlichen Gewölbevorbau. Vor einem Kellereingang eine Steinplatte mit einer Inschrift, die rätseln läßt: »Il y a des lois au dessus des lois – Antigone«. Am Haus ein Schild »le Réparet de Farinet«, an einer Kellertür »le caveau de la résistance« mit verrostetem Gewehr.

Vom Dorfplatz durchs südliche Stadttor direkten Blick auf Pierre Avoi. Unterm Bogen des südlichen Tors hängt eine Reihe verrosteter alter Weinbauerngeräte.

Ein kurzer Spaziergang hinauf zum **Bayard-Turm** (13. Jh.); die Burg, einst Teil eines mächtigen Befestigungssystems im Wallis, ist verfallen. Vom Burghügel weiter Ausblick nach allen Seiten, allerdings auch auf die vielfältigen Zeichen der Industrie im Rhônetal. Am Kreuz vorbei hinunter zur Barockkirche (Apsis von Monnier (1945), Hochaltar aus Sailloner Marmor). An der Außenmauer des Kirchhofs hat ein berühmt-berüchtigter Mann seine letzte Ruhe gefunden: Farinet, der Falschmünzer. Moritz Farinet war kein gewöhnlicher Falschmünzer, kein Verbrecher im eigentlichen Sinne. Das Volk liebte ihn. Für die Obrigkeit hatte er allerdings einen verbrecherischen Makel: er prägte »falsche« Münzen aus reinem Gold, das er in einer Höhle hoch droben in den Bergen fand. Seine Münzen waren »echter« und wertvoller als die vom Staat geprägten. Die Bauern gaben ihm für die begehrten Goldstücke gern den »Gegenwert« in offizieller Währung. Manche Münze kam aber auch in Umlauf. Das brachte ihm schließlich mit nur 27 Jahren den Tod durch Erschießen.

Nach einem gepflegten Mittagessen geht's weiter nach **Grugnay** oberhalb Chamoson. Dort wollen wir das sehr interessante **Schweizer**

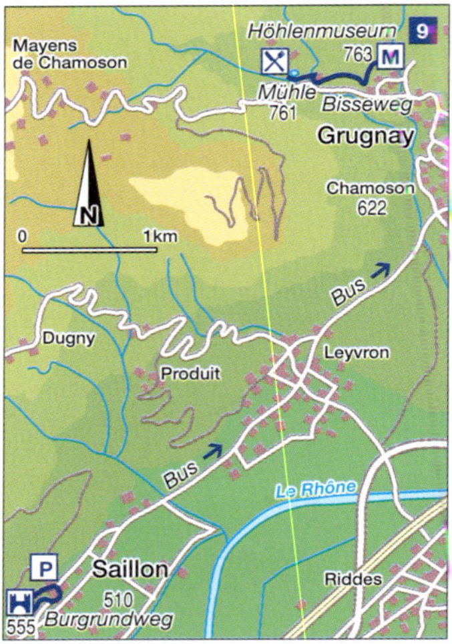

Höhlenmuseum (Centre et Musée Spéléologie) besuchen. Umfangreiche Darstellungen, Geschichte der Höhlenerforschung und ein gewaltiges bewegliches Relief mit informativer Tonbildschau geben ein umfassendes Bild der Erdgeschichte. Der Begründer des Museums, der Geologe Masotti, hat vor gar nicht so langer Zeit mit Freunden die Höhle Farinets entdeckt...

Vor- oder nachher machen wir unseren *Spaziergang entlang der bisse*, die oberhalb des Museums verläuft und hineinführt zum Tal, das vom Haute de Cry herunterzieht. Vom Torrent de Cry abgeleitet, versorgt diese Wasserader die trockenen Hügel oberhalb Chamoson mit dem lebenswichtigen Naß.

Wer mag, kann droben im Restaurant »La Colline aux Oiseaux« einen frisch geangelten Fisch verzehren.

Informationen zur Tour

Ausgangsorte

a) Saillon, Parkplatz (510 m)
b) Chamoson-Grugnay, nordöstlicher Ortsausgang von Grugnay (763 m).

Anfahrt

Postbus ab Martigny; besser mit Auto

Einkehrmöglichkeiten

Saillon: »Restaurant de la Poste« (schmackhaftes, preiswertes Tagesmenü) und weitere Gasthöfe; Weinprobe im »Caveau des Encaveurs« (April-Sept. offen). Chamoson: div. Gasthöfe. Oberhalb Grugnay : Restaurant »La Colline aux Oiseaux".

Öffnungszeiten

Chamoson: »Musée Suisse de Spéléologie«, offen Di–So 9–12 u. 14–17.30 Uhr, Tel. 027/863581, Fax 027/866094. Saxon: »Cave du Casino« (über Glücksspiele) offen Mo–Fr , 17–21, Sa–So ab 12 Uhr, Tel. 026/441155.

Unterkünfte

• Campingplätze: Saxon, »Le Grenier«, 2* (ZW), Tel. 026/443113; Vétroz »Botza« , 5 * (ZW), Tel. 027/361940 <027/3 4619 40>.
• Jugendherberge Sion (siehe Tour 10).

Tourist Information

Office du Tourisme, CH-1913 Saillon, Tel. 026/431170 <027/7431111>, Fax 026/443609 (1000 Betten).
Office du Tourisme, CH-1955 Chamoson, Tel. 027/865533 <027/3 06 55 33>, Fax 027/865929 (1500 Betten).

Karte

SLK 1305, 1:25000

Weitere Attraktionen

Saillon: geheizte Thermal-Hallenbäder, Wandern, Mountainbiking, Angeln. Chamoson: Tennis, Paragliding, Mountainbiking, Wandern. St. Léonard: unterirdischer See, offen Mitte März bis Ende Okt., Tel. 027-312266.

Tourenmöglichkeiten

»Weinwanderweg« talabwärts von Saillon nach Branson oder von Saillon/Chamoson weiter talaufwärts bis Leuk.

10 Val d'Arolla/d'Hérens – Glacier d'Arolla

Gletscherlandschaft unterm Mont Collon

km	6
Etappen	4
Stunden	2
Höhenunter-unterschied	160

Talort
Sion (510 m)

Etappen
• Kultur: Sion: Schloß Tourbillon, Kirchenfestung Valère (Valleria), Haus Supersaxo (1503), gotische Kathedrale. Allerheiligen-Kapelle von 1325; • Tour: Arolla: Parkplatz (1980 m) – Kraftwerk (2008 m) – Gletschertor (2140 m); Rückweg auf Anstiegsweg

Tourencharakter
Planierter Weg, später Pfad. Leichte Wanderung zu Gletschertor und Gletscherbecken

Sehenswertes am Weg
Sion: Schloß Tourbillon, Kirchenfestung Valère, Gebäude aus dem 16./17. Jh. in der Rue du Grand Pont, Löwenbrunnen, Rathaus. Arolla: Informationstafeln über die vernetzte Wasserkraft-Anlage »Grand Dixence«; Gletschertor

Günstigste Jahreszeit
Anfang Juli bis Ende September

Altersgruppen
Für Kinder geeignet

→ Der Weg führt uns rhôneaufwärts nach **Sion** (deutsch: Sitten). Von dort zweigt das Val d'Hérens ab.

Das Ortsbild von **Sion**, der Kantonshauptstadt, ist geprägt von zwei Hügeln, die schon von weitem auffallen. Über einen erstreckt sich die Halbruine *Schloß Tourbillon* mit zinnenbesetzten Mauern. Auf dem anderen hockt trutzig die *Kirchenfestung Valère*. In der nahen Altstadt (Fußgängerzone) bewundern wir in der Rue du Grand Pont die Häuserzeile mit Gebäuden aus dem 16. und 17. Jahrhundert, und zwischen Rue de l'église und Rue de Conthey einen Innenhof mit mehrgeschössigen Arkaden.

Um die Ecke die gothische Kathedrale *Nôtre Dame de Glarier* mit einem mächtigen, sehr schönen romanischen Turm. Im Innern ein holzgeschnitzter, bemalter gotischer Flügelaltar, die Kanzel mit vergoldeten Holzfiguren, und über dem Grab des Bischofs Andreas von Gualdo eine bedeutende Skulpturengruppe (15. Jh.).

In der Mulde zwischen Tourbillon und Valère steht die hübsche, kleine Allerheiligenkapelle aus dem Jahr 1325. Ihr Kreuzgewölbe entstand zu einer späteren Zeit.

Das Haus Supersaxo (erb. 14. Jh., Umbau durch Malagrida aus Como 1503–05) in der Rue de Conthey beherbergt ein Café. Im Durchgang Vitrinen, die über dieses Haus und Ausgrabungen in Sion informieren. Mehrstöckige Arkaden im Innenhof. Im Treppenhaus mit Kreuzrippengewölbe eine steinerne Wendeltreppe. Die historischen Räume im zweiten Stock (Holzdecke mit Deckenmedallion im großen Saal) dürfen besichtigt werden.

Durch die engen Gassen ist es (Rue des Châteaux) nicht weit hinauf zum Sattel zwischen den beiden Anhöhen.

Beide Hügel waren schon in vorchristlicher Zeit besiedelt, was Gräberfunde aus Stein- und Bronzezeit bewiesen. Die Stadt der »Seduner« wurde nach der Römerzeit Ende des 6. Jahrhunderts bereits Bischofssitz. Eine Schenkung um das Jahr 1000 durch Rudolf III. von Burgund machte aus den Bischöfen zugleich weltliche Grafen. Auf Valeria entstand eine erste Basilika die, ähnlich St. Maurice, später ständig an- und umgebaut wurde. Streiterein und Kriege ließen das Wallis nicht zur Ruhe kommen. So zogen sich die Domherren, die zeitweilig unten in der »citta« gelebt hatten (Majorie), in weltliche Bedrängnis geraten, im 12. Jahrhundert ganz auf den Valeriahügel zurück. Bis Ende des 18. Jahrhunderts blieben die

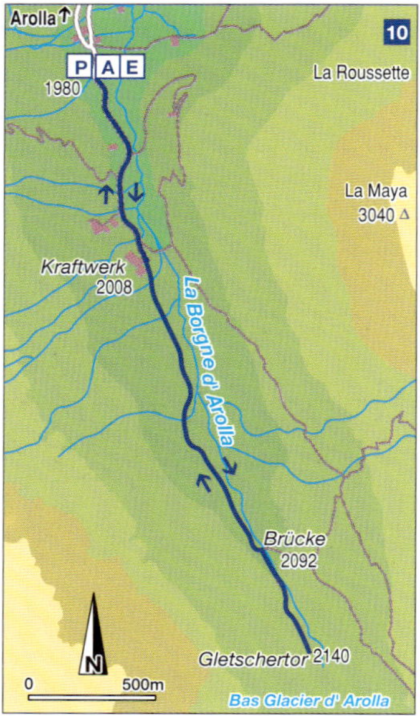

Bischöfe dort oben. Hier waren sie unabhängig, geschützt durch uneinnehmbare Felsen und Mauern, und gewährten bei Belagerungen der Bevölkerung Schutz, z. B. vor den savoyischen Kriegern, die im 14. Jahrhundert die Stadt belagerten, plünderten und niederbrannten.

In der *Valeriakirche* beeindrucken uns die zahlreichen üppigen Säulenkapitelle, Skulpturen, wie z. B. die marmorne gotische Madonna, wertvolle Fresken, das aus Nußbaum geschnitzte Chorgestühl aus dem 17. Jahrhundert gewaltig.

Noch mehr zu sehen und zu hören ist beim Gang durch die Räume des renommierten *Museums von Valeria* mit seinen umfangreichen Sammlungen, u. a. Vase aus Eisenzeit, massive Armreifen aus Bronze der »Seduner« und »Veragrer«, gallo-römische Venus, römischer Stier(kopf) aus Bronze und Fundstücke aus dem gesamten Wallis.

Doch die Berge warten auf uns.

Bei *Les Haudères* zweigt das *Val d'Arolla* vom Val d'Hérens ab. Bei einer Wegkehre unterhalb **Arolla** führt eine planierte, schmale Straße geradeaus. Nach wenigen Metern rechts ein kleiner Parkplatz. Auf der ab hier gesperrten Straße laufen wir in südlicher Richtung geradeaus und vorbei an einem Versorgungslift. Die Straße endet beim *Kraftwerksgebäude*, das zur Anlage der »Grand Dixence« gehört. Informationstafeln geben Auskunft über die vernetzte Wasserkraft-Anlage.

Die Aiguille de la Tsa, Mont Collon und Pigne d'Arolla umschließen das Tal. Wir gehen rechts des breiten Bachbettes, in dem dicke Felsblöcke liegen, in südlicher Richtung weiter. Nun hält uns der Mont Collon, der als gewaltiger Fels-Eisklotz den relativ breiten Talschluß beherrscht, im Bann. Mit steilen Abbrüchen fließt der Collongletscher von rechts kommend herunter. Wir haben die *Geröllfelder* erreicht. Eine Brücke führt nach links über den Bach. Wir gehen geradeaus. Bald sind wir an einer kleinen *Staustufe*. Geradeaus führt nun ein Pfad ein paar hundert Meter auf das gewölbte Gletschertor zu, aus dem ein kräftiger Bach heraustost.

Informationen zur Tour

Ausgangsort

Arolla (1956 m): Parkplatz hinter Straßenkehre unterhalb Arolla.

Anfahrt

Bus ab Sion nach Arolla; oder Auto

Einkehrmöglichkeiten

Sion: div. Gaststätten/Restaurants. Arolla: u. a. Hotel-Restaurants »Du Pigne d'Arolla«, »Du Glacier«, »De la Poste«, »Aiguille de la Tza«, »Mont Collon«, »Kurhaus«.

Öffnungszeiten

Sion: Museum für Geschichte u. Volkskunde und Kirche Schloß Valère, Tel. 027/60 47 10; Museum für Archäologie Rue des Châteaux 12, Tel. 027/60 47 00-01; Kunstmuseum Place de la Majorie 15-16, Tel. 027/60 46 90-91 – alle offen tägl. auß. Mo, 10–12 u. 14–18 Uhr; Naturhist. Museum, Av. de la Gare 42, offen tägl. auß. Mo, 14–18 Uhr, Tel. 027/60 47 30; Schloß Tourbillon, offen tägl. auß. Mo, 10–18 Uhr, Tel. 027/60 47 45; Supersaxohaus, offen 8–12 u. 14–18 Uhr, Sa–So von 9–12 Uhr.

Unterkünfte

- Campingplätze: Sion: »Sedunum«, 3* (ZW), Tel. 027/36 42 68, Fax 027/36 42 57; Sion-Bramois: »Valcentre«, 2 * (ZW), Tel. 027/31 16 42; Arolla: »Petit Praz«, (ZW), Tel. 027/83 21 63.
- Jugendherberge Sion, Rue de l'Industrie 2, CH-1950 Sion, Tel. 027/23 74 70, Fax 027/23 74 38 (80 Betten).
- Günstiges Quartier in Arolla: »Colonies Centre Alpine«.

Tourist Information

Office du Tourisme, CH-1950 Sion, Tel. 027/22 85 86 <0 27/3 22 85 86>, Fax 027/22 18 82 (850 Betten).
Office du Tourisme, CH-1986 Arolla, Tel. 027/83 10 83 <0 27/2 83 10 83>, Fax 027/83 22 70 (1570 Betten).

Karte

SLK 1347 »Matterhorn«, 1:25 000.

Weitere Attraktionen

Arolla: Tennis, Paragliding, Angeln, Mountainbiking, Alpinschule, geführte Eis- u. Klettertouren.

Tourenmöglichkeiten

Plan de Bertol (2700 m), Arolla - Les Haudères (1452 m) oder Arolla - Grand Dixence (2365 m), Etappen der TVH Tour du Val d'Hérens.

11 Val d'Hérens – Alp Bricola

Auf luftiger Aussichtsterrasse unter der Dent Blanche

km	6,5
Etappen	2
Stunden	4
Höhenunterunterschied	587

Talort
Les Haudères (1450 m)

Etappen
- *Kultur: Les Haudères*
- *Tour: Ferpécle: Parkplatz (1828 m) – Alp Bricola (2415 m); Rückweg auf Anstiegsroute*

Tourencharakter
Wandertour über den Gletscherbecken des Val d'Hérens. Anfangs asphaltiertes Sträßchen, danach Steig durch Almwiesen und Latschenzonen, teilweise steil; weiter oben gelegentlich etwas Trittsicherheit erforderlich

Sehenswertes am Weg
Bei Eusegne: Erdpyramiden. Oberhalb Sion: Ehringer-Kuhkampf-Denkmal. Les Haudères: alte Turmhäuser. Gletschersee, Eiskaskaden des Glacier du Mont Miné. Alp Bricola

Günstigste Jahreszeit
Anfang Juli bis Ende September

Altersgruppen
Für Kinder geeignet

→ Von Sion zweigt, wie von Tour 10 bekannt, die Straße ab ins **Val d'Hérens**.

Droben auf der Höhe überm Rhônetal sehen wir links der Straße vor einem Gasthof ein *Denkmal*, das *zwei kämpfende Kühe* zeigt. Hier ist es am richtigen Platz, denn die schwarzfellige, kurzbeinige, behende *Kuhrasse*, die *Eringer*, stammt aus dem Eringertal, dem Val d'Hérens.

Im Frühling, nach langen Wintertagen in den Ställen, werden die ersten Ringkuhkämpfe ausgetragen. Danach kommen die Kühe über die heißen Sommermonate auf die Almen. Im Herbst, nach der Desalpe (Almabtrieb) folgt die zweite Serie der Kämpfe mit den Endausscheidungen (meist in der Arena von Martigny). Zum Almabtrieb bekommt die »Reine du lait«, die Milchkönigin, ein breites weißes Band um den Hals und üppigen weißen Blumenschmuck. Die kampfstärkste, die »Reine des cornes«, die Hörnerkönigin, ein rotes Band und roten Schmuck.

Kuhkämpfe gehören zum Brauchtum im Wallis. Antreten dürfen nur Kühe, die entweder trächtig sind oder innerhalb der letzten 15 Monate gekalbt haben. Die Kühe kämp-

Die berühmten Eringerkühe, eine schwarzfellige, kurzbeinige, behende Rinderrasse, die aus dem Eringertal (Val d'Hérens) stammt. Über 6000 Stück zählt man im Wallis.

fen auch nur, wenn sie dies wollen. Verletzungen gibt es kaum. Ein Tierarzt ist immer am Platz.

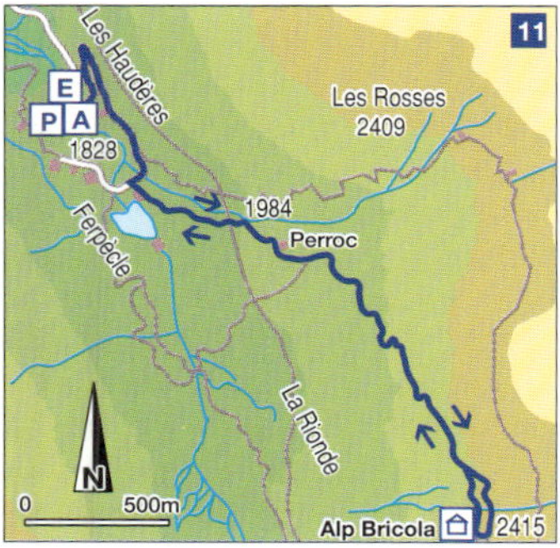

Da sich die Kuhkämpfe jedoch zunehmender Beliebtheit erfreuen, ist es nicht mehr nur Privileg der ortsansässigen Bauern, sich Eringerkühe zu halten und zu züchten. Manche Reine des cornes ist als gute Kampfkuh nämlich leicht ihre dreißigtausend Franken wert. Es gibt im Wallis etwa gut 6000 dieser schönen, prächtigen Tiere.

Nach einer Straßenkurve treffen wir bei **Eusegne** auf besonders formschöne *Erdpyramiden*, die Wind und Wetter in Jahrtausenden aus dem eiszeitlichen Moränenschutt herausgearbeitet haben. Die Straße führt via Tunnel direkt durch sie

Zu den Naturwundern des Wallis zählen die Erdpyramiden von Eusegne; »Les Demoiselles«, wie sie hier auch genannt werden.

hindurch. Auf die steinernen Hüte der »Demoiselles«, so ist zu lesen, ließ einst ein Oberst seine Kanoniere schießen, die jedoch zum Glück nicht treffsicher waren.

Wir kommen zum Hauptort **Evolène** (1371 m), der schon früh berühmt war wegen seiner Prozessionen, zu denen die Bauern aus den angrenzenden Tälern in ihren prachtvollen Trachten zusammentrafen.

Les Haudères ist erreicht. Im alten Dorfkern ist noch alles im Einklang. Hier machen wir einen Rundgang, um die typischen Häuser des Tales genauer zu betrachten. Es sind Turmhäuser, die bis zu vier Stockwerke haben. Viele sind ein paar hundert Jahre alt.

Zum Bau solch eines Hauses taten sich mehrere Familien zusammen. Der Besitz wurde nach Stockwerken aufgeteilt.

Die von Wetter und Sonne schwarz- und rotbraun gefärbten Lärchenholzhäuser stehen auf einem Steinsockel. Querbalken und Balkone sind meist mit kunstvollen Schnitzereien verziert. Üppig blühende Gärten umgeben diese Häuser (Titelbild).

Unsere Wanderung beginnen wir am *Parkplatz hinter Salay*. Ein kurzes Stück gehen wir auf der Asphaltstraße hinauf, bis links ein Pfad abzweigt, der oberhalb des kleinen Stausees durch Lärchen und Wiesen mit Blockwerk führt. Ein erster Aussichtsplatz ist erreicht; wir schauen hinein in die wilden Eiskaskaden des Glacier du Mont Miné. Hoch droben ist die Hütte zu sehen. Nun steil ansteigend (der alte Wegverlauf wurde geändert wegen eines Felssturzes) und durch Latschen weiter hinauf. Der Pfad verläuft unterhalb einer Felszone. Hier haben wir schon einen gewaltigen Ausblick auf die zu unseren Füßen liegenden Gletscher, an deren Ende sich ein kleiner See gebildet hat, auf dem gelegentlich ein Mini-Eisberg schwimmt. Durch leicht schrofiges Gelände und über

Steinblöcke, einen Bach querend, gelangen wir wieder in Wiesenhänge. Die **Alp Bricola** ist erreicht. Links oberhalb von uns steilt die Dent Blanche auf. Auf der im Sommer bewirtschafteten Alm kehren wir ein.

Es lohnt sich, hier noch einige Minuten weiterzugehen, Richtung *Dent Blanche*. Der Ausblick über die Gletscherwelt bis hin zum Col d'Hérens wird immer beeindruckender.

Informationen zur Tour

Ausgangsort

Ferpècle (1828 m): Parkplatz an der ersten Straßenkehre nach Salay.

Anfahrt

Bus ab Sion nach Les Haudères; oder Auto

Einkehrmöglichkeiten

Les Haudères: Restaurant »La Cordée« an der Straße nach Ferpècle u.a., Ferpècle: Gasthof oberhalb Parkplatz. Alp Bricola. In Evolène div. Gasthöfe.

Öffnungszeiten

Evolène: Musée »Peyo« (Mobiliar und Gebrauchsgegenstände), offen tägl. 15–18 Uhr, Tel. 027-83 12 32.

Unterkünfte

- Campingplätze: Les Haudères: »Molignon«, 3* (ZW), Tel. 027-831296. Evolène: »Evolène«, 2* (ZW), Tel. 027/83 11 44, Fax 027/83 32 55.
- Jugendherberge (siehe Tour 10).
- Touristenlager in einigen Häusern.

Tourist Information

Office du Tourisme, CH-1984 Les Haudères, Tel. 027/83 10 15 <027/2 83 10 15>, Fax 027/83 33 15 (1150 Betten); Office du Tourisme, CH-1983 Evolène, Tel. 027/83 12 35 <027/2 83 12 35>, Fax 027/83 22 58 (1800 Betten).

Karte

SLK 1327 »Evolène«, 1:25 000

Weitere Attraktionen

Tennis, Paragliding, Moutainbiking, Angeln, geführte Wanderungen; Alpinschule in Evolène.

Tourenmöglichkeiten

Zur Gletscherzunge Mont Miné (1900 m). Lac du Tsaté (2587 m). Les Haudères – La Forcla – La Sage, Teiletappe der TVH Tour du Val d'Hérens, oder Les Haudères – Arolla, ebenfalls THV.

12 Val d'Anniviers – Petit-Mountet-Hütte

Moränen-Ausguck hoch über Zinal

km	Etappen	Stunden	Höhenunterschied
11	2	3,5/4	467

Talort
Vissoie (1204 m)/Zinal (1675 m)

Etappen
Parkplatz Zinal (1675 m) – Petit Mountet (2142 m) – Zinal; Rundtour, Rückweg nur teilweise auf Anstiegsroute

Tourencharakter
Anfangs ebener Talgrund, später Moränenhang. Leichte, aussichtsreiche Wanderung auf Saumweg entlang der Navisence und in großen Kehren mäßig steil den Moränenhang empor; Abstieg auf Steig: teilweise steil, stellenweise feucht, Sierre: Pfynwald

Sehenswertes am Weg
»Pontis«-Schlucht der Navisence. Vissoie: Häuser aus dem 16. Jh., Wehrturm.

Günstigste Jahreszeit
Ende Juni bis Ende September

Altersgruppen
Für Kinder geeignet

→ Von Sion rhôneaufwärts nach **Sierre** (deutsch: Siders), der nächsten größeren Stadt.

Die reizvolle Hügellandschaft um Sierre und auch der geschützte »Pfynwald« sind einem gewaltigen prähistorischen Bergsturz aus dem Gebirgsstock des Mont Bovin zu verdanken. Hinter Sierre, am Beginn des Pfynwalds (der von Reisenden gefürchtet war, weil er Wegelagerern und Räubern als Unterschlupf diente), zweigt die Straße ins *Val d'Anniviers* scharf rechts ab.

Nach wenigen Kilometern schlängelt sich die Straße atemberaubend an senkrecht abfallenden Felswänden entlang. Mitte des 19. Jahrhunderts bohrte man hier die ersten Tunnel. Bald nach der ersten Anhöhe spitzen aus dem Talschluß weiße Gipfel hervor; ab Niouc herrlicher Blick zu den Viertausendern.

Vissoie, mit etlichen Häusern aus dem 16. Jahrhundert in der Altstadt, ist der Hauptort des Tales. Sofort fällt der trutzige Turm auf, einst Wehrturm, und im Besitz der Bischöfe von Sitten (Sion). Er war (ähnlich dem »Hexenturm« in Sion, wo allein 1428 gut 200 »Hexen« getötet wurden) Schauplatz unmenschlicher Hexenprozesse und -verbrennungen.

Die Talwege teilen sich hier: rechts gehts nach **Grimentz** und hinter ins Val de Moiry zum gleichnamigen Stausee, links hinauf nach **St.-Luc** und **Chandolin**, geradeaus nach **Zinal**.

Die meisten Anniviarden lebten – ähnlich den Nachbarn aus dem Eringertal – als **Halbnomaden**. Sie besaßen mehrere Wohn- und Wirtschaftsgebäude an verschiedenen Orten und Plätzen, zogen zwischen Talorten Mayensässen, Hochalmen, ihren Weinbergen im Rhônetal das gesamte Jahr umher. Den im Tal gewonnenen Wein transportierte man in kleinen Tonnen hinauf in die Dörfer, wo er in Lärchenholzfässern eingelagert wurde. Der in den eiskalten Gebirgskellern gereifte *Weißwein, der »Reze«* (Resi) unterschied sich in Farbe (bräunlicher) und Geschmack beträchtlich von dem der Tallagen. Dieser *»Gletscherwein«* war übrigens der Vorläufer des Fendent. Manche alten Leute erzählen, er hätte die Nerven angegriffen. Vielleicht haben sie auch nur zu viel davon getrunken...

Unsere Bergtour beginnen wir am Ortsende von **Zinal** beim großen Parkplatz. Wir machen sie als kleine Rundtour.

Ein breiter Wanderweg führt über die *Navisence* (Brücke), und rechts davon unter den Hängen des Pigne de la Lé durch ausgedehnte Weiden in südlicher Richtung ziemlich eben geradeaus talaufwärts. Bei der Talverengung führt unser

Unser Abstieg von der Petit-Mountet-Hütte führt durch ein Tälchen, von dem aus man diesen Blick auf den Grand Cornier genießt.

Weg rechts hinauf in lichten Wald, allmählich ansteigend und in südlicher Richtung weiter. Bald gelangen wir an einen Wasserfall, der in Kaskaden gischtend herunterstürzt. Wir gehen unterhalb auf dem Saumweg weiter geradeaus, nehmen den bequemeren und wesentlich aussichtsreicheren Anstiegsweg (Über den an dieser Stelle rechts aufwärts führenden Steig werden wir später beim Abstieg herunterkommen). Jetzt sehen wir links schon ein paar Eisgipfel. Einige Wegschleifen, und das Tal wird wieder breiter.

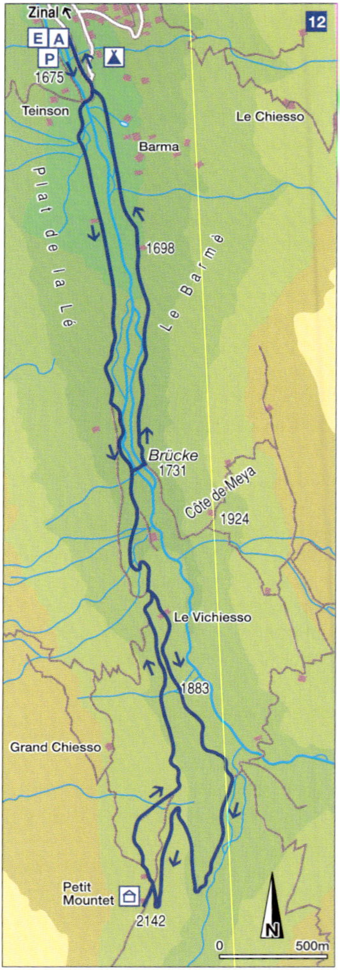

Links führt eine Brücke über die Navisence (Punkt 1731). Dahinter das weite Hochtal l'Ar Pitetta mit gleichnamiger Hütte und darüber das prächtige Weißhorn. Nach einer Wegbiegung sehen wir den Zinalgletscher, Besso, Zinalrothorn und Obergabelhorn. Links neben uns rauscht die wasserreiche Navisence, sucht ihren Weg zwischen den beachtlich großen Felsblöcken, die der Gletscher einmal transportiert hat. Bald steigt unser Weg in etwas steileren großen Kehren den Moränenkegel hinauf, auf dessen Sporn die **Petit Mountet-Hütte** steht.

Die kleine, aber feine Hütte bietet einen hervorragenden Rundumblick. Man bekommt eine kräftige, warme Mahlzeit und kann dabei die Bergsteiger durchs Glas beobachten, die auf den Hängen der gegenüberliegenden Talseite zur Grand Mountet-Hütte aufsteigen (der bisherige Weiterweg ab hier auf der Moräne wurde gesperrt, weil diese stellenweise eingestürzt ist).

Zurück gehen wir auf dem Steig, der direkt auf dem Moränenkamm in nördlicher Richtung abwärts in ein kleines Tälchen führt. Danach – teilweise durch Wald – in etwa gleichbleibender Höhe am Hang entlang (Gelände stellenweise feucht). Zuletzt in Kehren nach unten auf den breiteren Weg. Gleich oberhalb der Talweiden gehen wir über den Bach (Brücke) und auf der anderen Seite zurück zum Parkplatz.

Informationen zur Tour

Ausgangsort

Zinal (1675 m): großer Parkplatz: am Ortsende.

Anfahrt

Bus Sierre – Vissoie – Zinal; oder Auto

Einkehrmöglichkeiten

Cabane Petit Mountet (Übernachtung möglich, Tel. 027/651380). In Zinal div. Restaurants.

Öffnungszeiten

Musée du Vieux Zinal (altes Bauernhaus v. 1768), Führung: Di u. Do, 16 Uhr. Vissoie: »Musée de patoisants« (Werkzeuge u. Gebrauchsgegenstände), offen 15.7. bis 20.8., 16–18 Uhr, Tel. 027/651338.

Unterkünfte

- Campingplätze: Vissoie: »Camping Anniviers«, 3* (ZW), Tel. 027/651409. Mission-Ayer: »Pont de Mission«, 2* (ZW), Tel. 027/651391.
- Gruppenunterkünfte: Zinal, »Maison de Jeunesse Les Liddes«, Fam. Roth-Melly, Tel. 027/651408/651169 (100 Betten); »Centre de vacances La Navisence«, Fam. Vianin, Tel. 027/651449/651035 (80 Betten) u. a.

Tourist Information

Office du Tourisme, CH-3961 Zinal, Tel.027/651370/653263 <027/4751370>, Fax 027/652977 (3800 Betten).

Karte

SLK 1327 »Evolène«, 1:25 000

Weitere Attraktionen

Zinal: Führung in Kupfermine, Tennis, Hallenbad, Paragliding, Mountainbiking, Rafting auf Navisence und Rhône, Klettern, Angeln, geführte Touren, Alpinschule.

Tourenmöglichkeiten

Die obige Tour ist Teiletappe der TVA Tour du Val d'Anniviers, auch die Etappen: Petit Mountet H. – Sorebois (2440 m); Sorebois (2440 m) – Corne de Sorebois (2895 m) – Grimentz (1564 m). Zinal – Roc de la Vache (2581 m); Cabane Tracuit (3256 m), Tel. 027/651500; Cabane Grand Mountet (2886 m), Tel. 027/651431; Cabane Arpitetta (2786 m), Tel. 027/654028.

13 Val d'Anniviers – Tignousa, Hotel Weißhorn

Auf Sternenpfaden: der Planetenweg über St.-Luc

km	11,5
Etappen	4
Stunden	4/4,5
Höhenunterunterschied	168 A 653G

Talort
Vissoie (1204 m)/St.-Luc (1643 m)

Etappen
Tignousa-Standseilbahn, Bergstation (2169 m) – Chalet Blanc (2179 m) – Alp Chiesso (2201 m) – Hotel Weißhorn (2337 m) – St.-Luc, Tignousa-Talstation (1684 m)

Tourencharakter
Freies Almgelände unter der Bella Tola. Hinweg: breiter mäßig ansteigender Almweg, ab Alp Chiesso Steig als Variante möglich; Rückweg ab Hotel Weißhorn, schmaler gelegentlich etwas steilerer Steig durch lichten Lärchenwald und Almflächen. Weitblick von breiten Almterrassen gepaart mit weitreichender Sternenkunde; interessant für Kinder und Erwachsene

Sehenswertes am Weg
St.-Luc: schönes Häuserensemble. Planetarium, Planetenweg

Wegmarkierung
Auf dem Rückweg vom Hotel Weißhorn nach St.-Luc z. T. blau-weiße Markierungen

Günstigste Jahreszeit
Ende Juni bis Mitte Oktober

Altersgruppen
Für Kinder geeignet

→ Von **Vissoie** aus steigt ein schmales Sträßchen in vielen Kehren den Hang nach **St.-Luc** hinauf und weiter bis nach *Chandolin*. Je höher man kommt, desto besser wird die Aussicht Richtung Süden.

Für Autofahrer ist etwa 250 Meter vor St.-Luc Schluß (Parkpl.); das Dorf ist Fußgängerbereich.

Am Parkplatz eine große Panoramatafel; sie zeigt auf Weißhorn, Zinalrothorn, Obergabelhorn, den zweigipfligen, felsigen Besso, Pte. de Zinal, Dent Blanche oder Grand Cornier. Gebietskenner entdecken dahinter das Matterhorn.

Die zwar lange »Hatscherei« vom Parkplatz durch St.-Luc und hinaus zur *Tignousa-Standseilbahn* vermittelt jedoch gleichzeitig Eindrücke vom alten Dorf. Da wäre zuerst einmal gleich links an der Straße ein wunderschönes Häuserensemble mit etwa 300 Jahre alten Holzhäusern. Nahe der Kirche ein altes Kreuz, woran allerlei Gerät hängt (siehe Tour 24). Aber damit wollen wir uns jetzt nicht so gründlich beschäftigen. Denn kulturell gilt für diese Unternehmung: »der Weg ist das Ziel«. Wir werden uns in jeder Hinsicht »den Sternen nähern«.

Auch die Mystik kommt nicht zu kurz. Wir erinnern uns an die Schalensteine vom Col du Lin (Tour 7); auch bei St.-Luc (nahe Anstiegsweg zur Tignousa) geben die »Pierre des Sauvages« mit ihren vielen Aushöhlungen Rätsel auf.

In wenigen Minuten nähern wir uns mit der Tignousa-Standseilbahn den Sternen. Beim Verlassen der Station fällt uns sofort am Hang links oben die glänzende Metallkuppel der kleinen Sternwarte auf, die im Sommer 1995 eröffnet wurde. Des weiteren verheißt ein Schild *»Sentier Planetaire«*, daß wir es bald mit vielen Himmelsgestirnen zu tun haben werden.

Wenn das Planetarium geöffnet ist (unterschiedl. Öffnungszeiten vor Ort erfragen), kann man zuerst seine Schritte dort hinauflenken und sich vor der Tour ins Weltall entführen lassen.

Der **Planetenweg** (eine außerordenlich gut realisierte Idee) ermöglicht die Erlebbarkeit eines »kosmischen Abenteuers« bei einem Höhenspaziergang (ca. 6 km) hinüber zum *Hotel Weißhorn*.

Unterwegs auf dem Planetenweg in Richtung Hotel Weißhorn; im Hintergrund die Bella Tola, einer der Walliser Aussichtsberge.

Der Gedanke ist einfach: Beginnend mit der *Sonne* (am Anfang des Weges) als zentralem Himmelskörper, folgen dann (mit Information) die Planeten in der Reihenfolge und im Maßstab ihrer Entfernung von der Sonne.

Mars, Merkur, Venus und *Erde* sind demzufolge nicht weit weg von der Station und in wenigen Minuten erreicht. Sie sitzen als Metallgebilde auf Rampen, in Holzhäuschen, oder auf anderen ideenreichen Gestellen. Die Kinder sind jedenfalls entzückt über die abwechslungsreichen Formen. Begeistert streben sie weiter. Wir Erwachsenen können derweil den Ausblick, den dieser Höhenweg bietet, genießen und die Blicke schweifen lassen. Hinüber zu den Viertausendern, hinauf zur Bella Tola (einer der großen Walliser Aussichtsberge), oder übers Rhônetal weit hinweg ins Berner Oberland.

Das Liftgelände ist bald verlassen und *Chalet Blanc*, die erste

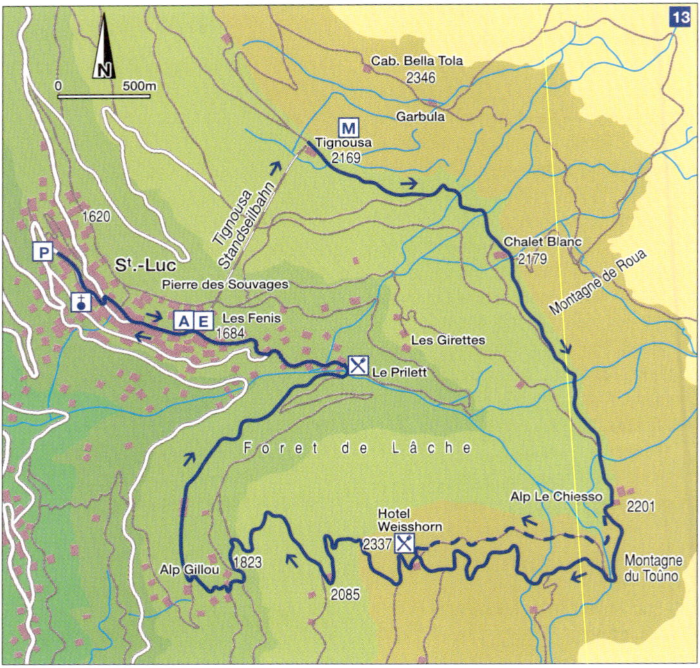

Almhütte, erreicht. Von hier führt ein Anstiegsweg zur *Bella Tola.*

Unser breiter Wanderweg quert lichte Lärchen- und Föhrenbestände, macht eine weite Biegung. Die *Alm Le Chiesso* ist erreicht und eine steinreiche Mulde bei einem Hochtal unterhalb der Montagne de Roua und du Touno. Inzwischen sind wir an *Jupiter* und *Saturn* – mit schönen Ringen – vorbeigekommen. Die Uranuskugel leuchtet schon vor uns bei der nächsten Wegbiegung. Neptun wird noch eine Zeit auf sich warten lassen. Die Planeten sind jetzt wesentlich weiter voneinander entfernt, und man muß schon eine ganze Weile laufen, um den nächsten zu erreichen.

Nach einer Brücke das letzte Wegstück hinauf. Eine aussichtsreiche Pfadvariante leitet durch den Hang nach oben. Endlich ist das betagte **Hotel Weißhorn** (1882 erbaut), erreicht. Gehfreudige steigen weiter hinauf zum *Pluto* (2500 m).

Der direkte Abstieg nach **St.-Luc** über einen Steig führt in Serpentinen durch Wiesenflächen und lichten Wald über die *Gilou-Alm* ins Tal hinunter. Die Hänge sind von einem Wegenetz überzogen, an Abzweigungen jedoch gut beschildert; St. Luc ist nicht zu verfehlen (z. T. blau-weiße Markierungen). Der Weg endet beim Mühlbach, wo man im Restaurant »Le Prilet« nochmals einkehren kann. Zur Tignousa-Talstation und ins Dorf ist es nicht mehr weit. Ein Blick zurück und hinauf zeigt hoch droben über uns das Hotel Weißhorn, vielleicht im letzten Sonnenlicht.

Informationen zur Tour

Ausgangsort

St.-Luc (1643 m): Parkplatz am Ortseingang (1620 m) bzw. Tignousa-Talstation (1684 m).

Anfahrt

Bus Sierre – Vissoie – St. Luc; oder Auto

Einkehrmöglichkeiten

Bergstation: Restaurant »Tignousa«; Almen am Weg (Käse, Milch usw.); Hotel/Restaurant Weißhorn, Tel. 027/651106 (44 Betten); Restaurant »Le Prilet«; div. Restaurants in St.-Luc bzw. Vissoie.

Öffnungszeiten

Museen (siehe Tour 12); Observatorium Tignousa, Öffnungszeiten erfragen beim Verkehrsamt St.-Luc

Unterkünfte

- Campingplatz (siehe Tour 12)
- Touristenlager St.-Luc, Centre de Loisirs du Prilet, Tel. 027/651412 (38 Betten); Roc Arolle, Tel. 027/552232 (232 Betten).

Tourist Information

Office du Tourisme, CH-3961 St.-Luc, Tel. 027/651412 <027/4751412>, Fax 027/652237 (3500 Betten).
CH-3961 Chandolin, Tel. 027/651838 <027/4751838>, Fax 027/654660 (2700 Betten).

Karte

SLK 1307 »Vissoie«, 1:25 000.

Weitere Attraktionen

Tennis, Mountainbiking, Angeln, Paragliding, Reiten.

Tourenmöglichkeiten

Höhenweg Tignousa – Chandolin. Illhorn (2716,5 m). Bella Tola (3025 m). Le Touno (3017). Übergang ins Turtmanntal, Lac de Combavert (2442 m) – Meidpass (2790 m).

14 Rhônetal – Sierre/Salgesch

Unterwegs auf Genießerpfaden

km	Etappen	Stunden	Höhenunter-unterschied
6	6	2	169

Talort
Sierre (540 m)

Etappen
Château Villa (565 m) – Kapelle Saint-Ginier (618 m) – Weggabelung Venthone (680 m) – Veyraz (645 m) – Raspillehöhe (601 m) - Tal/ Übergang unterh. Erdpyramiden (564 m) – Höhe Trong (618 m) – Salgesch (581 m). Variante: im Raspilletal (564 m) Passage entlang der Bisse de Marais Richtung Norden – Anstieg zur Anhöhe (643 m) oberhalb der Erdpyramiden – Abstieg nach Salgesch

Tourencharakter
Leichte, aussichtsreiche (sonnige) Weinberg- und Hügelwanderung, asphaltierte, schmale Weinbergstraßen wechseln mit gelegentl. Pfadpassagen

Sehenswertes am Weg
Sierre: Altstadt, Hôtel de Ville, Château des Vidomes, Kirche Ste. Catherine u. a. Museen; Schloß Villa: alte Weinpressen, Salgesch: Zumofenhaus

Wegmarkierung
Weiß-rote Weinwegschilder

Günstigste Jahreszeit
April–Juni, September–November (im Hochsommer bei Sonne zu heiß)

Altersgruppen
Für Kinder geeignet

→ Es bleibt vor der eigentlichen Tour genug Zeit, in **Sierre**, der mediterransten Stadt des Wallis, einen Gang durch die Altstadt zu machen, und an der Rue du Bourg das Hôtel de Ville (17. Jh., früher Schloß Bellevue und Hotel, seit 1964 Rathaus) zu besichtigen (Zinnmuseum). Im Treppenhaus drei Gemälde mit Walliser Szenen von Edmond Bille.

Auf der gleichen Straßenseite steht das Château des Vidomes aus dem 15. Jahrhundert mit seinen vier runden Ecktürmchen. Beim Weiterflanieren durch die enge Straße entdecken wir die barocke Kirche Ste. Catherine mit säulengetragenem Vorbau und altem Turm. Im Innern Glasmalereien von Edmond Bille und Paul Monnier. Weiter vorne das Maison Courten, in der die Rilke-Stiftung Wechselausstellungen über Leben und Werk des Künstlers, der 1921-1926 im Schloßturm von Muzot (s. S. 64) lebte und in Raron begraben liegt, veranstaltet.

Vom Bahnhof (südlich unterhalb Großparkplatz) ist es nicht weit zum **Schloß Villa** (16./17. Jh.). Vor dem Schloß-Museum befindet sich eine Wein-Informationstafel. Vorab sei hier nur kurz auf dieses Thema eingegangen.

Ein paar Walliser Wein-Spezialitäten: der Gletscherwein »Reze« (Resi, siehe Tour 12), der »Heida« (Paien) aus den hochgelegenen Hängen (über 1000 m) von Visperterminen, der »Humagne blanc«, eine sehr alte, seltene Walliser Rebe und der »Petit Arvine«.

In **Schloß Villa** sind Weinpressen (die älteste von 1756) aller Arten und Größen ausgestellt. Weingewinnung wird dargestellt, bis hin zur modernen Industrieanlage. Ein Videofilm über Weingewinnung in Visperterminen vertieft das Gesehene. Weitere Themen: Abfüllanlagen, Etiketten, der Wein in der Gesellschaft. Im **Zumofenhaus Salgesch** abrundend dann die Schwerpunkte Weinberg, Boden, Rebe, Arbeitsweisen, Werkzeuge, Stellung des Winzers in der Gesellschaft.

»Chateau des Vidomes«, das Viztumsschloß in Sierre. Es kann, da es sich in Privatbesitz befindet, nicht besichtigt werden.

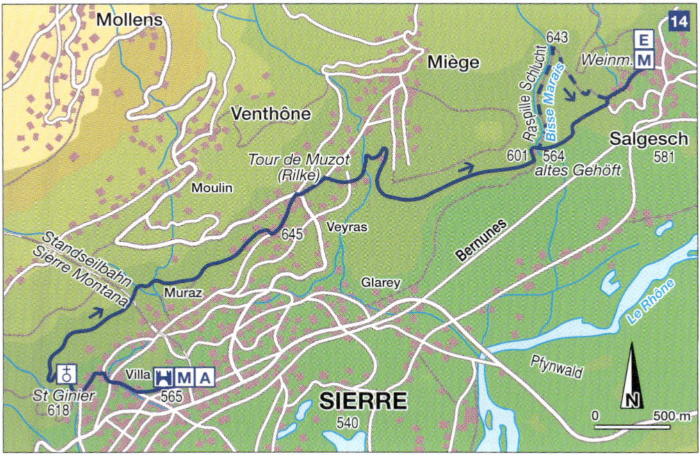

Von Schloß Villar gehen wir nach St. Ginier, wo die erste Informationstafel den »Malvoisie«-Wein behandelt, die nächste Beschilderung die unlängst restaurierte Barock-Kapelle »St. Ginier« (17./18. Jh.).

In **St. Ginier** findet traditionell jedes Jahr im Spätherbst eine Weinlesemesse statt mit Tambouren und Pfeiffern und anschließender Prozession. Bei der Kirche biegen wir links ab Richtung *Veyras/Loèche*. Das schmale Sträßchen führt nun relativ steil bergan, hinein in die Weinberge. Für kurze Zeit gehen wir zwar auf einem Pfad weiter, gelangen jedoch bald wieder auf die Weinbergstraße, gehen in nordöstlicher Richtung oberhalb Sierre und Muraz dahin. Wir haben einen ersten Blick über die weitausgedehnten Weinberge und hinab auf Sierre.

Der breite Kegel mit den Weinbergen und Dörfern, auf dem wir uns hier oberhalb des Tales befinden, ist durch einen prähistorischen Bergsturz aus dem Mont Bovin entstanden.

Wir überqueren das Gleis der Standseilbahn Sierre-Montana, gleich darauf den Vanire-Bach und den Monderèche, wandern auf schmalem, ruhigem Sträßchen durch die weiten Rebhänge. Das nächste Dorf, *Veyraz*, ist bald erreicht. Ein Holzschnitzer stellt beim Dorfeingang seine Kunstwerke aus Rebenholz aus.

Hinterm Ortsende von Veyraz, die Sienièse berührend, weiter; oberhalb

Das alte Zumofenhaus in Salgesch, wo unsere »Rebenwanderung« endet, ist heutzutage ein äußerst informatives Weinmuseum.

der Muzot-Turm (nicht zu besichtigen), in dem Rilke sechs Jahre, bis zum Tod, lebte. Unterhalb Miège vorbei in weitem Bogen durch die Weinberge zum *Raspille-Einschnitt*. Auf einem Pfad durch ein lichtes Wäldchen hinunter zum Bach, der bei einem alten Gehöft überquert wird. Auf der gegenüberliegenden Hangseite unter Erdpyramiden wieder hinauf. (Eine Weg-Variante führt in der Raspille-Schlucht weiter in nördlicher Richtung, entlang an der Bisse, dann rechts den Hang hinauf und oberhalb der Pyramiden vorbei nach Salgesch hinunter.) Die *Raspille-Schlucht* bildet die Grenze zwischen den Bezirken Sierre und Leuk. Gleichzeitig ist hier auch die Sprachgrenze.

Auf planierter und asphaltierter Straße durch die Weinberge abwärts nach **Salgesch**. In wenigen Minuten erreichen wir das am Wegende liegende **Zumofenhaus**.

Informationen zur Tour

Ausgangsort

Sierre: Stadtteil Villa oberhalb Château de Villa (565 m).

Anfahrt

Bus von Bahnhof Sierre nach Villa; Bus Salgesch – Sierre; oder Auto

Einkehrmöglichkeiten

Sierre-Villa: Schloß-Restaurant (beste Weine, traditionelle Walliser Gerichte); Salgesch: gegenüber Museum, Hotel-Restaurant »Vinum« (u. a. Weindegustation). Div. Gasthöfe in Sierre und Salgesch; Weinprobe: jeweils im Ort und unterwegs bei den Weinbauern möglich.

Öffnungszeiten

Sierre: Château de Villa (Weinbau, Weinpressen, Geräte), Tel. 0 27/56 35 25 Salgesch: Zumofenhaus (Rebsorten, Weinherstellung), Tel. 0 27/56 45 25, Öffnungszeiten beider Museen jeweils März-Okt., Di-So, Nov.-Feb., Fr-So, 14-17 Uhr; Hôtel de Ville (Zinnmuseum), offen Mo-Fr, 9-11 u. 15-17 Uhr, Tel. 0 27/57 01 11; Maison de Courten (Rilkemuseum), offen nach Anfrage, Tel. 0 27/56 26 46. Veyras: Musée »C. C. Olsommer«, offen Juli-Sept., Mi-So, 15-19 Uhr, Okt.-Juni, Sa u. So, 14-18 Uhr, Tel. 0 27/55 24 29.

Unterkünfte

- Campingplatz Sierre-Salgesch: »Swiss Plage«, 4* (ZW), Tel. 0 27/41 60 23, Fax 0 27/41 32 15.
- Jugendherberge: Sion (s. Tour 9).

Tourist Information

Office du Tourisme Sierre/Salgesch, CH-3960 Sierre, Tel. 0 27/55 85 35 <0 27/4 55 85 35>, Fax 027/558635 (550 Betten).

Karte

SLK 1287 »Sierre«, 1:25 000.

Weitere Attraktionen

Tennis, Golf, Hallenbad, Reiten, Paragliding, Rafting, Mountainbiking, Angeln.

Tourenmöglichkeiten

Weinwanderweg von Salgesch nach Varen, Leuk, bzw. von Sierre nach Ollon, Vaas, St. Leonard.

15 Dalatal – Gemmipaß/Leukerbad

Alter Paßweg durch steile Felspassagen

km	4
Etappen	1
Stunden	1,5
Höhenunterunterschied	922

Talort
Leuk (740 m)/ Leukerbad (1402 m)

Etappen
- *Kultur: Leuk: Häuser aus dem 16./17. Jh., Haus de Werra, Haus Ambüel, Stephanskirche, Beinhaus u. a.*
- *Tour: Gemmipaßhöhe Bergstation (2346 m) – Leukerbad Talstation Gemmibahn (1424 m), nur Abstieg*

Tourencharakter
Steiler Paßweg durch hohe Felswände, teilweise Stufen; Seilversicherung an ausgesetzten Stellen; Trittsicherheit erforderlich; kleinere Kinder beaufsichtigen

Sehenswürdigkeiten am Weg
Leukerbad: St.-Lorenz-Quelle, St.-Laurent-Alpentherme; Gemmi-Paßweg

Günstigste Jahreszeit
Ende Juni bis Mitte Oktober

Altersgruppen
Für Kinder geeignet

→ Von Susten ist es nicht weit zur Sonnenterrasse von **Leuk**. Hier wollen wir Halt machen, bevor wir uns in die düstere Felsenarena von Leukerbad begeben. Parkmöglichkeiten finden sich vor der Stadt. Der große Turm (1541, U. Ruffiner), der heute als Rathaus dient, war früher Sitz der Viztume. Gegenüber das ehemalige Schloß der Bischöfe (13./15. Jh.).

Unbeeindruckt vom vorbeifließenden Verkehr, ist Leuk im Zentrum ein beschauliches, ruhiges Städtchen geblieben, mit etlichen Bauernhöfen und vielen noch erhaltenen und behutsam restaurierten alten Bürgerhäusern (16./17. Jh.).

Am Hauptplatz die **Stephanskirche** (Baubeginn 15. Jh./1514 vollendet von U. Ruffiner) mit Turm aus dem 13. Jahrhundert (sowie 14./16. Jh.) und noch intakter Glocke von 1378.

Es lohnt sich, die **Stephanskirche** zu besichtigen, die viele Jahre bar jeglicher Kunstgegenstände war, außer der Nußbaumholzkanzel (1672) und dem Nußbaumholzaltar (1668), den einst der Meyer (Richter) Meschler von Leuk und seine Frau gestiftet hatte. Der Altar war lange Zeit auf ungeklärte Weise verschwunden, tauchte jedoch in Berlin wieder auf und wurde vom Leuker Pastor 1932 zurückgekauft.

Zu diesem kleinen Wunder gesellte sich in den achtziger Jahren ein weiteres. Man stieß durch Umbauarbeiten im (sehenswerten) Leuker **Beinhaus** (mit Gemälden, die u. a. sowohl Supersaxo, de Werra, als auch Kardinal Schiner und den Papst darstellen), das vermutlich Anfang des 16. Jahrhunderts errichtet wurde, auf weitere Kammern. Beim Ausräumen wurden zwischen den Gebeinen wertvolle Statuen entdeckt. Alle waren – gemäß dem Brauch, nicht mehr genutzte Heiligenfiguren wie Menschen pietätvoll zu »bestatten« – zwischen den Gebeinen begraben. Viele dieser Kunstwerke befinden sich nun in der Kirche. Vor der Kirche der »Leuker Landsknecht« (1974), den das Leuker Symbol, einen Adler (König der Lüfte) mit Löwenpranken (König der Erde), ziert.

Lassen wir das Gesehene vor dem Restaurant am Hauptplatz bei einer Walliser Mahlzeit ausklingen, bevor wir Goethes Spuren folgen, der im November 1779 nach Leukerbad reiste. »Nun ging es in die hohe Schlucht hinter Inden hinauf, wo wir denn bald den so schrecklich beschriebenen Gemmiberg vor uns sahen und das Leukerbad an seinem Fuß zwischen andern hohen, unwegsamen und mit Schnee bedeckten Gebirgen...«

Die Thermalquellen von **Leukerbad**, schon den Römern bekannt, kommen an verschiedenen Plätzen

Das ehemalige (13./15. Jahrhundert) Schloß der Bischöfe zu Leuk steht am Eingang des Städtchens gegenüber dem Viztumsturm.

relativ heiß aus der Erde. Kardinal Schiner sorgte durch den Bau von Gebäuden (16. Jh.) für die geordnete Nutzung der Quellen. Lawinen haben die Anlagen später zerstört. Heute ist Leukerbad mit 22 Thermalbädern Spitzenreiter unter den Alpenbädern.

Nach dem Kulturteil reichen wenige Stunden, um »diesen so merkwürdigen Berg« (Goethe) zu ergründen. Wir begeben uns zur Gemmibahn, lassen uns in knapp zehn Minuten »hinaufgondeln«. Zu Fuß braucht man etwa zwei Stunden.

Dieser »schreckliche« **Gemmiberg** ist ein Paßübergang, der schon

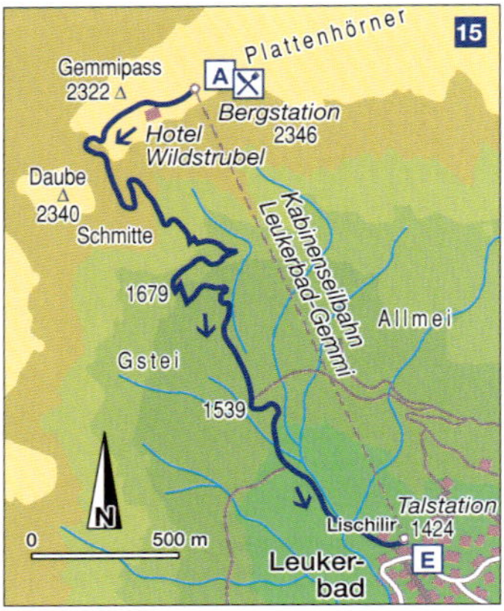

zur Römerzeit begangen war (Münzfunde am alten Gemmiweg). Eine neue entschärfte Passage wurde 1739-41 in den Felsen angelegt.

Von der *Bergstation* der Seilbahn ist man in kurzer Zeit am Joch beim **Hotel Wildstrubel**. Über die Paßhöhe weht meist ein kräftiger Wind. Ein Hinweisschild verspricht »Leukerbad 1 Std. 20 Min.«. Wir folgen den Treppenabsätzen des Saumpfads in Serpentinen hinunter, entlang an schönen, grauen, plattigen Felswänden. mit Quarzeinschlüssen. Am Fels Stahlseile zum Festhalten. Man muß unwillkürlichen an die Menschen denken, die diese steile Passage früher in Sesseln getragen wurden, oder gar auf den Rücken von Maultieren. Weiter steil bergab über Treppenstufen, gesichert durch Pflöcke und Stahlseile.

Bei einer Kehre ein grau-weißes Marmorkreuz in einer Nische der Felswand, das »Hoffnung« verspricht. Weiter in engen Kehren und auf einen nächsten kleinen grasigen Absatz zum Ausrasten und Schauen auf die Walliser Alpen.

Steil geht's hinunter. Gewaltig die Wucht der düster-grauen Felswände. Immer wieder Tiefblick auf Leukerbad. Weiter unten führt der Steig fast wendeltreppenmäßig hinab. Düster und unheimlich wirkt die Szenerie schon. Und weil man auch im Keller singt und ruft, sind Kinder sehr bald begeistert von dem ausgezeichneten Echo an dieser Stelle. Und abenteuerlich finden sie es alle. Zwei, drei Bänke zum Verschnaufen. Ein letzter Felsüberhang am Weg; langsam verliert die Schlucht ihren Schrecken. Der Blick zurück und hinauf ist überwältigend. Drahtseilversichert geht's an der Felswand weiter. Eine letzte Wegkehre, und man ist durch. In einem grasigen Bereich geht es auf einem jetzt breiteren Weg entlang der gewaltigen Wand, die wie eine abweisende Barriere am Talschluß steht. Von unten ist der Routenverlauf kaum zu erkennen. Kein Wunder, daß es früher den Leuten grauste.

Ein paar hundert Meter sind es noch Richtung Leukerbad. Links vorm Ort, etwa 50 Meter vom Weg, ein Felsbrocken mit dem Konterfei von *Sherlock Holmes* (eine Aufgabe für Krimifans).

Informationen zur Tour

Ausgangsort

Leukerbad/Loeche-Les-Bains (1402 m): Talstation Gemmiseilbahn (1424 m).

Anfahrt

Bus Susten – Leuk – Leukerbad; oder Auto

Einkehrmöglichkeiten

Leuk: Restaurant »de la Poste«, ein Café und »Restaurant Café Billiard« (Spezialitäten u. a. Wild, Kastanienmark, Käseteller) beim Hauptplatz; weitere Restaurants im Ort, Pizzeria an der Burg. Leukerbad: div. Restaurants für alle Ansprüche. Bergstation/Restaurant Gemmibahn, Tel. 027/611201; Hotel/Restaurant »Wildstrubel«.

Öffnungszeiten

Leuk: Heimatmuseum im Bischofsschloß, offen Juli-Sept., Sa, 14-16 Uhr, Tel. 027/631223.

Unterkünfte

• Campingplätze: Susten-Leuk: »Bella Tola«, 4* (ZW), Tel. 027/631491, Fax 027/633641; Leukerbad: »Camping Sport-Arena«, 3* (ZW), Tel. 027/611037, Fax 027/613707.

• Touristenlager: Bergstation Gemmibahn und Hotel/Restaurant »Wildstrubel«, Tel. 027/611201, Fax 027/611201. • Panorama-Restaurant Rinderhütte (Ferienlager) Tel. 027/611944.

Tourist Information

Office du Tourisme, CH-3952 Leuk/Susten, Tel. u. Fax 027/631094 <027/4631094> (480 Betten). Office du Tourisme, CH-3954 Leukerbad, Tel. 027/621111 <027/4727171>, Fax 027/611315 (8000 Betten).

Karte

SLK 1267 »Gemmi«, 1:25000

Weitere Attraktionen

Leuk: Tennis, Golf, Rafting, Mountainbike. Leukerbad: Thermalbäder, Tennis, Golf, Paragliding, Mountainbiking, Angeln, Alpinschule.

Tourenmöglichkeiten

Gemmipaß – Daubensee (2206 m). Gemmi-Daubenhorn (2941 m). Gemmi-Lämmernsee (2296 m). Römerweg nach Inden. Rinderhütte (2310 m) – Torrenthorn (2998 m) – Übergang ins Kandertal: Gemmipaß – Kandersteg; oder Übergang ins Lötschental: Rinderhütte – Restipaß (2626 m), Teiletappe der TW Tour Wildstrubel.

16 Lötschental – Lauchernalp-Fafleralp/Gletscherstafel

Höhenweg vis-à-vis Bietschhorn und Lötschentaler Breithorn

km	9,5
Etappen	5
Stunden	3,5
Höhenunter-unterschied	144 A 350 G

Talort
Goppenstein (1216 m)

Etappen
Kultur: Kippel Museum
Tour: Lauchernalp-Bergstation (1969 m) – Weritzalp (2099 m) – Tellialp (1865 m) – Schwarzsee (1860 m) – Fafleralp (1795 m) – Gletscherstafel (1763 m); Rückweg per Bus

Tourencharakter
Leichte, gut markierte Höhenwanderung mit herrlichem Ausblick. Steig, gelegentlich Almsträßchen, durch südseitige baumfreie Almwiesen, lichte Lärchenwäldchen, grasige Hänge; nur gelegentlich etwas Trittsicherheit erforderlich

Sehenswürdigkeiten am Weg
Sinnsprüche an Hütten, Masken

Günstigste Jahreszeit
Ende Juni bis Mitte Oktober

Altersgruppen
Für Kinder geeignet

→ Alle Wege ins Lötschental führen über *Goppenstein* (1216 m).

Wer im Mittelalter in die Innerschweiz wollte, stieg von dort beschwerlich und gefahrvoll über den Lötschenpaß, der sei »fast rauch, unwägsam und sörgklich zu wandeln, und verfallen vil leut darauff« (Stumpfs Chronik, 1549). Römische Münzfunde in der Nähe der Lötschenpaßhütte deuten auf noch frühere Begehungen hin.

Heutzutage ist das einfacher. Entweder fährt man von Gampel im Rhônetal die sieben Kilometer hinauf, oder von der Innerschweiz kommend, ab Kandersteg durch den *Lötschbergtunnel* (Bahnverladung im 15-Minuten-Rhythmus für Kraftfahrzeuge).

Goppenstein war ab dem 16. bis zum Beginn unseres Jahrhunderts ein blühender Bergwerksstandort; es sollen dort zeitweilig mehr Einwohner gelebt haben als im gesamten Tal. Etwa 1000 Meter überm Talgrund, auf dem »Schönbiel«, befanden sich die ersten Stollen, in denen silberhaltiger Bleiglanz abgebaut wurde, jedoch mit stets wechselndem Erfolg; das Gelände war zu tückisch. Wege und Relikte der aufgegebenen Stätten sind noch allenthalben zu finden.

«Lötschen« stammt vermutlich vom keltischen Wort »Loudio« für Blei, was Blei-Tal bedeuten würde; die »Lonza« wäre demnach der Blei-Bach. Zudem wurden 1922 in Kippel vier keltische Gräber gefunden (Grabbeigaben im Valèriamuseum, Sion).

Das Lötschental hielt, verkehrsmäßig abgelegen, noch bis zu Bau und Fertigstellung des Lötschbergtunnels im Sommer 1913, einen relativ langen Dornröschenschlaf.

Dank der Abgeschiedenheit blieben die Lötschentaler unter sich, konnten sich hier besonders lange und intensiv die alten Bräuche halten, wie wir bei unserem *Museumsbesuch* vor oder nach unserer Wanderung in **Kippel** erfahren. Die vorab kurz angerissene Bergwerksgeschichte wird dort ausführlich dargestellt. Historische Fotografien zur Kultur des Tales, allerlei bäuerliche Geräte aus Hof-, Alp- und Landwirtschaft runden das Bild ab. Interessant die Beiträge zu Geologie, Geografie und Klima. Die heimische Tier- und Pflanzenwelt wird uns ebenso nahegebracht wie Trachten, Hüte und andere Gegenstände aus dem volkstümlichen Bereich. Auch die Geldtruhe (»Talschaftkastn« mit vier massiven Schlössern, deren vier Schlüssel in verschiedenen Gemeinden waren, um Mißbrauch zu verhindern), mit deren Inhalt (10 000 Kronen) sich die stolzen Lötschentaler 1790 als erste Walliser von den Zenden freikauften, und die Originalurkunde werden präsentiert.

Im Lötschental trifft man allenthalben, selbst auf unserer Wanderung Lauchernalp - Fafleralp, auf die typischen Holzmasken.

Unsere Tour beginnt bei der *Bergstation der Luftseilbahn Lauchernalp.* Von hier oben hat man einen schönen Ausblick übers Tal, aufs Bietschorn, zu den Viertausendern überm Rhônetal sowie hinunter nach Ferden und auf den smaragdgrünen Stausee.

Ab der Bergstation gehen wir auf der asphaltierten Straße in östlicher Richtung und verlassen diese nach etwa zehn Gehminuten bei einer Kehre, wo ein Pfad nach rechts ableitet.

Wir steigen kurze Zeit in nördlicher Richtung aufwärts, über uns die Felsen des *Tennbachhorns.* Der *Milibach* wird überquert. Wie ein Magnet ziehen – wir gehen eine Weile in südlicher Richtung – das

nahe, eisbedeckte Bietschhorn und die eisige Kette seiner Nachbarn die Blicke auf sich.

Unser Sträßlein steigt an zur **Weritzalp**, wo wir den höchsten Punkt unserer Wanderung erreichen. Eine furchterregende Maske an einer der Hütten läßt uns an die »Tschäggättä« denken (siehe Tour 17).

Hinter den Almhütten gelangen wir in einen lichten Lärchenwaldbereich. Der Steig quert baumfreie Hänge, passiert eine Felszone mit glattem, grünlichgrauem Gestein. Unser Weg kreuzt die Markierung »2028«, wo ein Abstieg ins Tal möglich ist. Danach passieren wir eine Mulde (oberhalb von *Blatten/Eisten*) mit vielen Fels- und Gesteinsbrocken. Lärchen, Heidelbeeren, Gesträuch am Weg. Links über uns leuchtet grellweiß der Petersgrat herunter (Tellingletscher). Unser Pfad macht eine Biegung nach links in nördliche Richtung, führt dabei steil abwärts ins *Tellintal* und in Kehren hinunter zur **Tellialp**.

Nach links über den Bach und weiter in östlicher Richtung. Nach einer Wegbiegung der Blick hinunter nach Blatten und erstmals die Schau auf den Langgletscher. Eine Schlucht wird gequert, und bald ist der **Schwarzsee** (zwei Seelein) erreicht.

Rechts oberhalb der Seen setzt sich unser Weg auf einer alten Moräne fort. Ein schmales Pfädchen führt bald steil bergab. Eine letzte Wegbiegung, und das Almtal der **Fafleralp** ist erreicht.

In knapp zehn Minuten gelangen wir zur **Alp Gletscherstafel** (Bus- und Autoparkplatz), wo wir links oben Lauterbrunner Breithorn mit Wetterlücke sehen. Auf der anderen Lonzaseite die Bietschhorn-

Nordwand und die Schau auf Breithorn und Lonzahörner.

Informationen zur Tour

Ausgangsort

Wiler (1419 m): Bergstation der Lauchernalpseilbahn (1969 m).

Anfahrt

Bus ab Bahnhof Goppenstein ins Lötschental bis Fafleralp; Haltestelle Seilbahn Wiler (Parkplatz).

Einkehrmöglichkeiten

Kippel: »Bietschhorn«, »Dorfkeller«, u. a.; Bergstation Lauchernalp: Restaurant »Zudili«; Lauchernalp: Berghaus Lauchern, Zur Wildi. Fafleralp: Hotel–Restaurant »Fafleralp«. Am Bus-Parkplatz Kiosk und Imbiß.

Öffnungszeiten

Kippel: Lötschentaler Heimatmuseum, offen Mitte Juni-Mitte Okt., Di-So, 10-12 u.14-18 Uhr (Juni u. Okt. nur 14-18), Tel. 0 28-49 18 71.

Unterkünfte

• Campingplätze: Gampel: »Camping Rhône«, 3* (ZW), Tel. 0 28/42 20 41; Steg-Niedergesteln: »Lötschberg«, 3* (ZW), Tel. 0 28/42 20 41. • Touristenlager: Hotel Fafleralp, Tel. 0 28/49 14 51 (80 Betten); Berghaus Lauchern, Lauchernalp, Tel. 0 28/49 12 50 (39 Betten).

Tourist Information

Verkehrsbüro CH-3918 Wiler, Tel. 0 28/49 13 88 <0 27/9 39 13 88>, Fax 0 28/49 19 88.

Karte

SLK 1268 »Lötschental«, 1:25 000.

Weitere Attraktionen

Tennis, Hallenbad, Mountainbiking, Alpines Zentrum Wiler; Paragliding, Angeln, Sport- u. Freizeitanlage »Gschteinät«, Wiler; geführte Gletscherwanderungen, Schaukäsen (Zentralkäserei Lötschen, Wiler), Vogel- u. Wildbeobachtungs-Exkursionen.

Tourenmöglichkeiten

Lauchernalp – Faldumalp – Ferden; Lauchernalp – Fischbiel – Weissenried – Blatten; oder Etappen der TW (Tour Wildstrubel) Lauchernalp – Lötschenpaß (2690 m) – Kandersteg (1176 m) bzw. Lauchernalp – Kummenalp (2083 m) – Restipaß (2626 m) – Leukerbad (1370 m); Lauchernalp – Lötschenpaßhütte.

17 Lötschental – Fafleralp/ Gletscherstafel – Guggisee

Seenauge in den Gugginalpmatten

km	5
Etappen	5
Stunden	1,75/ 2,25
Höhenunter-unterschied	252

Talort
Ried (1486 m)/Blatten (1540 m)

Etappen
Kultur: Ried/Blatten
Tour: Gletscherstafel (1763 m) – Gletscherflue – Abzweigung Höhe 2015 – Guggisee (2007 m) Guggistafel (1915 m) – Gletscherstafel; Rundweg

Tourencharakter
Wanderung oberhalb der Lonza mit reizvollen Tiefblicken und Ausblick auf den Langgletscher. Schmaler Pfad, im Anstieg durch teilweise sumpfiges Gelände, dann steiles Moränentälchen, oben freie Berghänge; Abstieg über freie Hänge und das Almgelände der reizvoll gelegenen Gugginalp

Sehenswertes am Weg
Ried/Blatten: Lötschentaler Maskenschnitzer

Wegmarkierungen
Ab Fafleralp weiß-rot-weiße Markierung

Günstigste Jahreszeit
Juli bis Mitte Oktober

Altersgruppen
Für Kinder geeignet

→ Wenn man zum ersten Mal ins Lötschental fährt, sollte man am besten an einem klaren Schönwetterabend ankommen. Diese Empfehlung las ich, als ich genau das erlebt hatte, was weiter beschrieben war.

Nach Brücke und Viadukten oberhalb *Goppenstein* schlängelt man sich im Halbdunkel auf schmaler Straße an der linken Hangseite taleinwärts. Plötzlich weitet sich das Tal, und in der Dämmerung leuchtet es über dunklen Hängen weiß im Halbrund. Bietschhorn und Kollegen grüßen überm schon nachtschwarzen Tal. Von der Kapelle nahe unserem Hotel in Ried ist das Abendläuten zu hören.

In **Ried**, gleich bei der Postbushaltestelle, stehen – wir kennen sie schon vom Museum – Lötschentaler Masken vor der Tür des dortigen Holzschnitzers.

Phantasie und Brauchtum haben solche schreckerregenden hölzernen Masken hervorgebracht, die meist mit echten Kuhzähnen bestückt sind.

Ein Ziegen- oder Schaffell ergänzt das Kostüm. Diese »Tschäggättä« werden von den jungen (ledigen) Männern der Dörfer getragen. Sie treiben ihr Unwesen denn auch in der dunklen Jahreszeit, ab Maria Lichtmeß, dem 2. Februar. Wichtig bei dem archaischen Mummenschanz ist, daß die Verkleideten nicht erkannt werden dürfen. Drum leihen sie sich die »Tschopen« (Sackhosen) und »Koschtiimer« (Kostüme) schon einmal gegenseitig aus. Höhepunkt des Geistertreibens im Tal ist der Faschingssamstag, für die Winterurlauber sicher ein unvergeßliches Ereignis. Zumal die Zeiten vorbei sind, wo die stürmischen »Tschäggättär« gelegentlich »Kleinholz« machten, oder gar junge Mädchen mit Jauche oder Kaminrußbrühe bespritzten.

Wann mit diesem Brauch begonnen wurde, läßt sich nicht genau zurückverfolgen. Man hat darüber weder gesicherte Aufzeichnungen, noch gibt es irgendein Reglement.

Lange Zeit kursierte die Legende von den »Schurtendieben aus dem Giätrich (Dietrich)«, einer wilden Gesellschaft, die im »obern Wald«, gegenüber dem wohlhabenden Wiler gehaust haben und die reichen Wiler nächtens – verkleidet – überfallen haben sollen. Bis bei Ausgrabungen durch die Universität Basel an der mutmaßlichen Stelle von Dietrich tatsächlich Hinweise auf eine Ansiedlung um das Jahr 1000 gefunden wurden.

Vermutlich spielt – wie bei allen Verkleidungen – auch die Anlehnung an heidnische Rituale eine gewisse Rolle. Die Talbewohner litten sehr unter den Berggeistern, die ihnen Katastrophen aller Art bescherten: Steinschläge, Muren

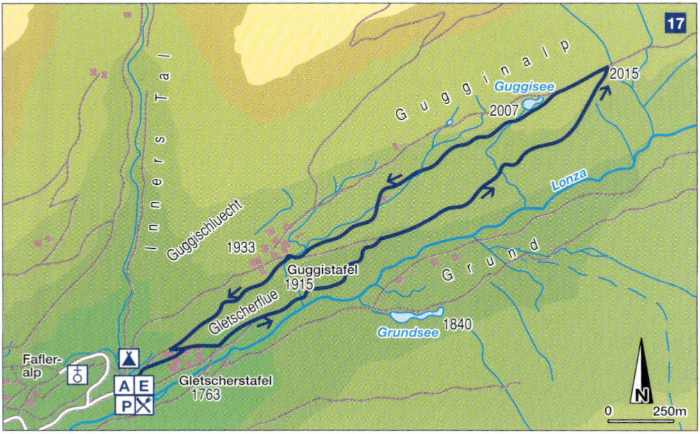

Das Inners Tal, das bei der Gletscherstafel ins Lötschental mündet, wird vom prächtigen Tschingelhorn beherrscht.

und besonders viele Lawinen im Winter. Wen wunderts, daß man die bösen Übeltäter mit ebenfalls bösen, wilden, heidnischen Geistern vertreiben wollte. Allerdings wird seit langem gemunkelt, daß die noch unbeweibten Burschen sich auf diese Art und Weise das Mädchen ihrer Wahl einzufangen versuchen...

Vor oder nach der Wanderung nehmen wir uns deshalb Zeit, einen der ortsansässigen Holzschnitzer in *Ried* (Moritz Siegen) oder *Blatten* (Heinrich Lehner) aufzusuchen und (auf Anfrage) beim Maskenschnitzen zuzuschauen. Weitere Schnitzer gibt es in Ferden und Wiler. (Ausführliches beim Verkehrsamt Wiler).

Doch nun zu unserer Tour. Der Bus hat uns zum Ausgangspunkt **Fafleralp** gebracht, wo wir direkt hinter der Bushaltestelle starten. Wir folgen der weiß-rot-weißen Markierung. Der Steig führt links oberhalb des milchig-trüben Lonza-Bachs in nordöstlicher Richtung mäßig steil den Hang hinauf, anfangs durch sumpfige, morastige Wiesenbereiche. Am Weg Lärchen, Birken, Heidelbeersträucher. Weiter durch eine Mulde am linken Moränenrand bergan. Durch lichten Lärchenbestand ergeben sich immer wieder Ausblicke auf die Gipfelbereiche von Breithorn und Lonzahörnern. Nach einer Weile kommen wir aus dem waldigen Tälchen heraus, gelangen in etwas freieres Gelände oberhalb eines Felsabbruchs. Noch wenige Minuten Anstieg in östlicher Richtung und wir erreichen eine Anhöhe. Von hier sehen wir hinunter zum Ende des Langgletschers; gegenüber das Breitlauihorn. Links oberhalb von uns der mächtige Felsaufbau der Burstspitza. Unser Steig durch das Lärchenwäldchen nimmt einen weiteren Aufschwung durch felsiges und grasdurchsetztes Gelände mit Heidelbeer- und Alpenrosensträuchern. Bald ist eine weitere Anhöhe erreicht. Wir kommen auf die Hochfläche, ein weites, baumfreies, teils schrofiges Almgelände. An der Abzweigung zu *Anensee* und *Anenhütte* sind wir am höchsten Punkt (2015 m) unserer Wanderung angelangt. (Wer die Tour um 2 bis 2 1/2 Stunden ausweiten will, kann von hier zur Anenhütte (2355 m) hinaufsteigen). Wir halten uns nach links, wo wir nach kurzer Zeit auf den sehr schön gelegenen **Guggisee** stoßen.

Auf aussichtsreichem Pfad schlendern wir durch die Alpmatten der Gugginalm entlang eines Bächleins abwärts. Später oberhalb des Lärchenwäldchens dahin, an großen Felsbrocken vorbei in Kehren hinab. Weiter durch teils sumpfige Wiesenbereiche mit Wollgräsern, dann durch lichten Lärchenbestand. Dunkelgrün leuchtet der Grundsee unten im Tal. Wir gelangen zur Gugginstafel und **Gugginalp**. Bei der Alm ein riesiger Felsblock, offenbar Trainingsblock für Kletterer. Ein letzter Hang, und wir sind schon drunten am Bach und rasch beim Parkplatz.

Informationen zur Tour

Ausgangsort

Fafleralp/Gletscherstafel (1763 m), Parkplatz/Postbushaltestelle.

Anfahrt

Bus Ried – Blatten – Fafleralp; oder mit Auto

Einkehrmöglichkeiten

Ried: Hotel–Restaurant »Nest- u. Bietschhorn« (sehr gute Küche, u. a. Wildspezialitäten). Blatten: »Edelweiss«, »Breithorn«, »Zum fröhlichen Jass«, »Silberdistel«. Fafleralp: siehe Tour 16.

Öffnungszeiten

siehe Tour 16.

Unterkünfte

- Campingplatz siehe Tour 16.
- Touristenlager siehe Tour 16.
- Anenhütte (2355 m), Tel./Fax 0 28/49 19 83 (51 Schlafplätze).

Tourist Information

Verkehrsbüro Wiler (siehe Tour 16).

Karte

SLK 1268 »Lötschental«, 1:25000.

Weitere Attraktionen

siehe Tour 16.

Tourenmöglichkeiten

Fafleralp – Äußeres (Uisters) Tal – Blauseeli (2571 m). Fafleralp – Innertal – bis ca. Höhe 2000. Waldlehrpfad Ferden (1375 m) – Kippel (1376 m).

18 Lötschental – Fafleralp/ Gletscherstafel – Gletschertor

Beindruckende Einblicke

km	Etappen	Stunden	Höhenunter-unterschied
10	7	3,25/ 3,75	334A 472G

Talort
Blatten (1540 m)

Etappen
Gletscherstafel (1763 m) – Grundsee (1840 m) – Höhe 1994 bei Lonzabrücke – Gletschertor (2070 m) – Höhe 1994 bei Lonzabrücke – Gletscherstafel (1763 m) – Fafleralp (1787 m) – Kühmatt (1625 m); mit Bus zurück zum Ausgangspunkt oder talwärts

Tourencharakter
Leichte Wanderung in unberührter, wilder Landschaft eines breiten Gletschertals. Pfad durch teils baumfreie Almflächen und Hänge bis Gletschertor (Achtung: dort kann es Steinschlag geben; Kinder beaufsichtigen); von der Gletscherstafel bis Kühmatt Wald- und Wiesensteig

Sehenswertes am Weg
Tor des Langgletschers; Kühmatt: Wallfahrtskapelle.

Günstigste Jahreszeit
Ende Juni bis Mitte Oktober

Altersgruppen
Für Kinder geeignet

→ Lötschentaler Landschaft und Brauchtum kennen wir aus den Touren 16 und 17. Was bisher keine Erwähnung fand, sind die Dörfer mit ihren oft 300 Jahre alten Holzhäusern (Ferden, Kippel, Ried, Wyssenried, Blatten, Eisten) und deren Kirchen und Kapellen, von denen es im Tal nicht wenige gibt. Einige schöne Kirchen sind infolge Altersschwäche inzwischen der Spitzhacke zum Opfer gefallen. Neue Gotteshäuser mit zum Teil eigenwilligen Formen (Blatten) nehmen ihren Platz ein. Aber es gibt sie noch, diese jahrhundertealten, meist weißgekalkten Gemäuer (z. B. Eisten), die die alten Fotos aus dem Tal so reizvoll ergänzen.

Daher besuchen wir die Wallfahrtskapelle in Kühmatt am Ende unserer Wanderung.

Auch diese Tour beginnt am Talschluß, bei der Bushaltestelle **Fafleralp/Gletscherstafel**. Wir gehen über die Lonzabrücke und folgen dem rechts des Gletscherbachs verlaufenden Pfad in östlicher Richtung. Nach dem Algelände geht es anfänglich mäßig ansteigend am Moränenkamm entlang, später relativ eben auf einem etwas breiteren Steig weiter. Ein kleiner Wasserfall stürzt vom gegenüberliegenden Hang über die Felsen in die Lonza. Steinplatten, Felsbrocken säumen unseren Weg, einige mit deutlichem Gletscherschliff; alles Ballast, den der Langgletscher zu Tal geschafft hat. Im Lötschental wachsen sehr viele Lärchen. Auch hier begleiten sie unseren Weg, der allmählich ansteigt zu einer weiteren Hochfläche. Man sieht das Gletscherende. Was von weitem wie graue Steinhalden wirkt, entpuppt sich aus der Nähe als relativ hoher stein- und sandbedeckter Gletscherfuß, weitaus höher und ganz anders als das Ende des Glacier d'Arolla (Tour 10).

Die weiß-rot-weißen Wegmarkierungen leiten uns über einen Bach. Ein Wegweiser zeigt geradeaus zum Grundsee, oder links hinüber am Bach entlang direkt Richtung Gletschertor. Wir gehen hier geradeaus, erreichen ziemlich bald den langgestreckten dunkeltürkisfarbenen **Grundsee**, der rechts neben dem Weg in einer Mulde liegt. Am linken Seeufer vorbei schlängelt sich das Pfädchen in Hangnähe am Rand einer mit Felsbrocken übersäten Matte weiter. Bis hierher wird wohl die »Weiße Kuh«, wie Prior Johann Siegen aus Kippel (der berühmte Gletscherpfarrer, der die ersten Bergmessen auf Bietschhorn 1940, Dom 1943 und Matterhorn

Die Marien-Wallfahrtskapelle zu Kühmatt birgt einen Hochaltar von Johann Sigristen aus dem Jahr 1660; hier ein Detail.

1944 hielt) in der Lötschentaler Chronik von 1920 berichtete, vorgedrungen sein. Dabei »den neuen Grasboden aufackernd und ein junges Lärchenwäldchen bedrohend«, bevor sie sich wieder zurückzog. Der Langgletscher hat über die Lötschenlücke Verbindung zum längsten Gletscher der Alpen, dem Aletschgletscher (Tour 28 u. 29).

Es folgt eine landschaftlich reizvolle Passage durch von rostrotem oder grünlichem Gestein übersäte Matten, die von Bächen durchzogen, teilweise mit Büschen und Wollgras bewachsen sind. Von rechts zieht der Dischliggletscher herunter, links drüben zeigt sich das Tschingelhorn in voller Pracht. Wir bewegen uns in einer gewaltig beeindruckenden Urlandschaft. Weiter vorne führt eine Wegabzweigung zu einer Brücke über die Lonza und am linksseitigen Moränenhang hinauf zur **Anenhütte**

(2355 m) die auf einem Felssporn thront.

Wir erreichen, Geröllhänge querend, nach ein paar hundert Metern das beeindruckende, von dicken Felsbrocken verschiedenster Gesteine gesäumte Gletschertor des Langgletschers, aus dem gewaltig und mit Getöse die Lonza rauscht.

Über die Abbruchkante sausen immer wieder von der Sonne abgeschmolzene Felsen und Gesteinsbrocken in die Tiefe. Es ist besser, den gewaltigen Gletscherrand mit etwas Abstand und Respekt zu betrachten.

1942 hat der einheimische Kunstmaler Albert Nyfeler übrigens im ausgeaperten Bereich des Lötschengletschers Pfeilbogen aus der Zeit um 3500 v. Chr. gefunden, die im Museum in Kippel ausgestellt sind.

Nach einer Brotzeit machen wir uns auf den Rückweg hinunter zur **Fafleralp**. Ein abwechslungsreicher Steig durch lichten Wald und Weiden leitet uns weiter hinab nach **Kühmatt**.

Die Marien-Kapelle (Maria zur Heimsuchung), auf deren holzgeschnitzten Eingangstürflügeln die vier Evangelisten dargestellt sind, ist Wallfahrtsort und Kleinod aus längst vergangner Zeit. 1654 wurde sie auf einem Felsvorsprung über der Lonza erbaut, und ihr Türmchen zeigt genau in die Lötschenlücke überm Langgletscher. Unterm Holzvorbau des Eingangsportals steht eine alte Marienstatue. Das Weihwasserbecken (1709) ist aus Giltstein. Der hinter einem schmiedeeisernen Gitter befindliche Hochaltar (1660) stammt von dem Künstler Johann Sigristen. Von den alten Votivbildern sind noch viele erhalten, auch die Hinterglasbilder des Finsterhofers aus Kippel (1808-

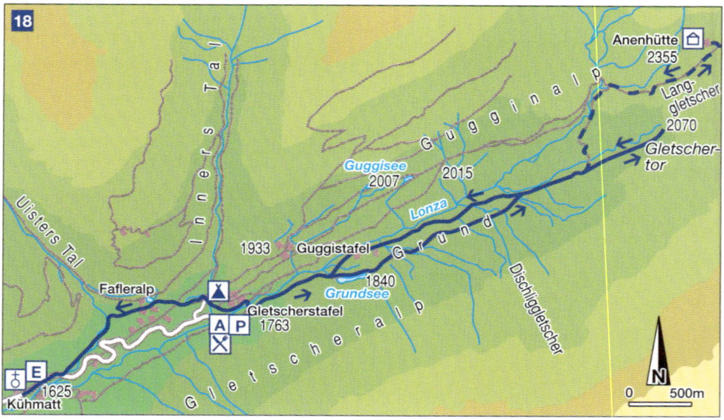

1874). In der Kirche hängen jedoch aus Sicherheitsgründen nicht mehr die Originale.

Eine Marginalie: Der links neben dem Bethäuschen vor der Kapelle liegende Felsen hat eine vorstehende Rippe. In dieser befindet sich ein Loch, das in alten Zeiten dem Talpfarrer dazu diente, sein Maultier anzubinden, damit es nicht davonlief, während er die Messe hielt.

Informationen zur Tour

Ausgangsort

Fafleralp, Parkplatz/Postbushaltestelle Gletscherstafel (1763 m).

Anfahrt

Bus Blatten – Fafleralp – Kühmatt – Blatten

Einkehrmöglichkeiten

Fafleralp und Gletscherstafel: siehe Tour 16. Anenhütte: siehe Tour 17. Blatten/Ried: siehe Tour 17.

Öffnungszeiten

siehe Tour 16.

Unterkünfte

- Campingplatz und Touristenlager siehe Tour 16.

Tourist Information

Verkehrsbüro in Wiler siehe Tour 16.

Karte

SLK 1268 »Lötschental«, 1:25 000.

Weitere Attraktionen

siehe Tour 16.

Tourenmöglichkeiten

Talwanderweg Ferden – Kippel – Wiler – Ried – Blatten – Eisten – Kühmatt bzw. umgekehrt. Rundweg Blatten – Tellinstafel – Punkt 1946 – Blatten. Von Blatten, Ried oder Wiler zur Bietschhornhütte (2565 m).

19 Zermattertal – Blatten – Gornerschlucht

Südlicher Aussichtsweg über Zermatt

km	Etappen	Stunden	Höhenunter-unterschied
5,5	4	1,75/ 2,25	180

Talorte
Raron (650 m)/Zermatt (1616 m)

Etappen
- *Kultur: Raron (am Weg): Häuser aus dem 16./17. Jh., Turm, Schloßkirche.*
- *Tour: Zermatt – Blatten (1738 m) – Gornerschlucht (1700 m) – Winkelmatten (1672 m) – Zermatt; Rundweg*

Tourencharakter
Kurzer Spaziergang auf breiten Wegen und Sträßchen durch Hänge oberhalb Zermatt

Sehenswertes am Weg
Zermatt: Dorfkirche, Friedhof. Baltten: alte Stadel, Gornerschlucht. Winkelmatten: alte Kapelle.

Günstigste Jahreszeit
Ganzjährig möglich

Altersgruppen
Für Kinder geeignet

→ Wir begeben uns ins Mekka aller Hoch- und sonstigen Touristen, nach Zermatt. Autofahrer sollten ausgiebig Rast machen in **Raron**.

Im Zentrum (Maxen-Haus) befindet sich der älteste Briefkasten der Schweiz. Der Spaziergang (15 Minuten) hinauf zu dem beeindruckenden Turm der Vitztume (12. Jahrhundert) und der Schloßkirche (1508-17), die Kardinal Matthäus Schiner (siehe Tour 29) von Ulrich Ruffiner erbauen ließ, ist lohnend.

Draußen vor der südlichen Kirchenwand liegt Rainer Maria Rilke (siehe Tour 14) begraben. Von Visp im Rhônetal führt Richtung Süden das Nikolaital ab, verzweigt sich bei Stalden in Zermatter- und Saastal.

Zermatt ist schon lange »autofrei«. Viele seiner Besucher wollen nur einmal im Leben das Matterhorn sehen. Edward Whymper, der Gipfelsieger (14. Juli 1865), mußte für seinen Erfolg teuer bezahlen. Beim Abstieg das Desaster: Hadow, der Jüngste und Unerfahrenste, strauchelte, rutschte ab und zog den Bergführer Croz, Lord Douglas und Hudson mit sich; das Verbindungsseil riß. Whymper und die zwei Bergführer Vater und Sohn Taugwalder kehrten als geschlagene Helden zurück.

Die alte Dorfkirche von 1580 wurde zwar 1913 durch eine neue ersetzt. Im Innern befinden sich jedoch noch der Herz-Jesu-Altar (1720) des Holzschnitzers Johann Ritz aus Selkingen.

Auf die früheren »Matten« oberhalb des Dorfes wollen wir zur ersten Orientierung hinaufgehen: Vom südwestlichen Ortsrand Zermatts folgt man dem nach *Zmutt* führenden, breiten Wanderweg, bis der Verbindungsweg nach Blatten abzweigt (Wegweiser). Bei der Brücke überqueren wir den *Zmuttbach*, steigen am gegenüberliegenden Hang durch lichten Wald zum **Almdörfchen Blatten** (1738 m).

Nun in südlicher Richtung (beschildert) weiter zur **Gornerschlucht**. Über geländergesicherte Treppen wird hinab- und drüben wieder aufgestiegen.

Östlich gelangt man bald zu dem von Furi herunterführenden Sträßchen, dem man in einigen Schleifen nördlich bis nach **Winkelmatten** (1672 m) folgt, das mittlerweile fast mit Zermatt »zusammengewachsen« ist.

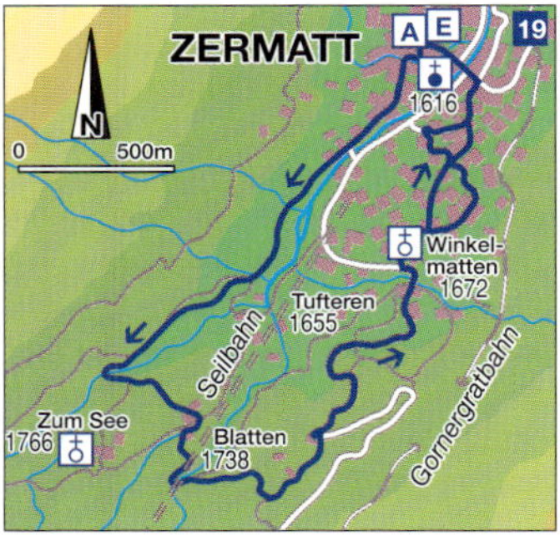

Die Kapelle, mit Vordach auf vier Säulen, datiert aus dem Jahr 1607. Der holzgeschnitzte Altar (1734) ist ein Werk des Walliser Künstlers Anton Sigristen aus Brig. Im üppigen Stil des Hochbarock »inszeniert« ist die Heilige Familie, eingerahmt von gedrehten Säulen mit Akanthusgewinde. Der Strahlenkranz von Maria korrespondiert mit dem der Taube, die über allem schwebt. (Anton Sigristen, Sohn des Johann S. (Kapelle Kühmatt, Tour 18), war bekannt für die lebendige Darstellung von Details: Hände, Faltenwurf von Gewändern).

Informationen zur Tour

Ausgangsort

Zermatt (1616 m), südwestliches Ortsende .

Anfahrt

Bahn von Brig/Visp bis Zermatt. Autoparkplätze in Visp, Randa und Täsch (Großparkplatz).

Einkehrmöglichkeiten

Blatten, Winkelmatten. In Zermatt und Umgebung befinden sich rund 100 Restaurants, darunter 35 Berggasthöfe.

Öffnungszeiten

Alpines Museum Zermatt-Zentrum (Alpinismusgeschichte Zermatt, mit Schwerpunkt Matterhorn, Walser; Geologie, Fauna/Flora, Zimmer d. 18. Jhs.), offen Sommer tägl. 10-12 u. 16-18 Uhr, Winter So-Fr, 16.30-18.30 Uhr, Tel. 0 28/67 41 00 u. 0 28/67 27 22.

Unterkünfte

- Campingplätze: Grächen/Visp: »Staldbach«, 3* (ZW), Tel. 0 28/46 28 55, Fax 0 28/46 10 65; Visp-Eyholz: »Seewjinen«, 2* (ZW), Tel. 0 28/27 40 41; Randa: »Attermenzen«, 3* (ZW), Tel. 0 28/67 25 55; »Grächbiel«, (ZW), Tel. 0 28/56 32 02.
- Jugendherberge: CH-3920 Zermatt-Winkelmatten, Tel. 0 28/67 23 20, Fax 0 28/67 53 06 (138 Betten).
- Touristenlager/Hütten: Info Kurverein Zermatt (siehe auch Touren 21–23).

Tourist Information

Kur- und Verkehrsverein
CH-3920 Zermatt, Bahnhofsplatz,
Tel. 0 28/66 11 81 <0 27/9 67 01 81>,
Fax 0 28/66 11 85 (11300 Betten).

Karte

SLK 1348 »Zermatt«, M 1:25 000.

Fast mit Zermatt »zusammengewachsen« und durch neue Bauten geprägt, findet man in Winkelmatten auch noch jahrhundertealte Häuser.

Weitere Attraktionen

Tennis, Golf, Hallenbäder, Reiten, Sommerskilauf, Paragliding, Mountainbiking, Alpinschule; geführte Wanderungen (Botanik, Wild, Gletscher) sowie Eis-Klettertouren; Helikopterrundflüge (Air Zermatt).

Tourenmöglichkeiten

Wanderung Furi – Gletschergarten Dossen. Römerweg-Etappe: Zermatt-Theodulgletscher. Teiletappen der TMR, Tour Monte Rosa: Zermatt – Täsch – Randa – Grächen, oder Zermatt – Gandegg – Theodulpaß – Breuil (Cervinia).

20 Zermattertal – Triftschlucht – Trifthotel

Schöne Ausblicke am Beginn des Höhbalmenwegs

km	6,5
Etappen	4
Stunden	4/4,5
Höhenunterschied	721

Talort
Zermatt (1616 m)

Etappen
Zermatt (1616 m) – Alterhaupt (1961 m) – Trifthotel (2337 m); Rückweg auf Anstiegsroute

Tourencharakter
Schöne Wanderung zu den Hängen und Terrassen nordwestlich oberhalb Zermatt. Guter Steig; anfänglich steil durch Schluchtauslauf, später kleine Felszone, danach mäßig ansteigend durch Matten; gelegentlich etwas Trittsicherheit erforderlich

Sehenswertes am Weg
Zermatt: Museum. Wirtshaus Alterhaupt: Blick auf Zermatt. Höhbalmenstafel: Ausblick auf Mischabel, Monte Rosa, Breithorn, Matterhorn

Günstigste Jahreszeit
Juli bis Oktober

Altersgruppen
Für Kinder geeignet

→ Vor oder nach unserer Tour suchen wir diesmal das **Zermatter Museum** auf. Begründet wurde es von der Hoteliersfamilie Seiler, die akribisch alle Relikte der Matterhornersteiger zusammengetragen und aufgehoben hat. Dadurch ist es hier möglich, zusammen mit Bildern der Erstersteiger, die gerissenen Original-Seilstücke zu präsentieren, sowie eine Menge weiterer Gegenstände, die der Berg irgendwann wieder hergegeben hat. Ergänzend dazu Exponate aus Fauna und Flora, Gesteine; eine Küche aus dem Jahr 1770 u.a.m.

Doch soll hier nicht vorenthalten werden, was François Gos (Maler und Schriftsteller aus Zermatt, Sohn des A. Gos) einst darüber berichtete:

»Beim Eintritt empfängt uns ein Geruch von Verwesung und Kampher, der Duft einer Grabstätte... Neben dem Relief des Matterhorns die Photografien der dort Verunglückten, seltsame Gegenstände, Kleiderfetzen. Und doch haben die hier aufbewahrten Dinge nicht jene unpersönliche Kälte von numerierten Museumsstücken... Zerbrochene Pickel, verunstaltetes Schuhwerk, Stücke eines gerissenen Seiles: lauter Dinge,

Von der Höhbalmenstafel, die vom Trifthotel in einer Dreiviertelstunde erreicht wird, zeigt sich das Matterhorn eindrucksvoll mit Ostwand, Hörnligrat und Nordwand.

die auf einem Zettelchen einen Namen tragen, ein Datum, denen manchmal eine verblichene Photografie beigefügt ist: Erinnerungen an die Opfer des Gebirges, und dicht dabei die Bilder seiner kraftvollen Pioniere: Mummery, Tyndall, Whymper, jung männlich, die hellen Augen auf ein fernes Ziel gerichtet... Und neben ihm seine Gefährten: Hadow, in Gedanken versunken, der Reverend Hudson, Douglas, noch ganz ein Kind, Michel Croz, ein stolzes Gesicht unter dem breiten Filzhut; fast alles noch junge Leute ...«

Nach Kampfer riecht es inzwischen nicht mehr im Museum, aber hin und wieder ist es ganz schön schaurig, was da alles präsentiert wird.

Gerne folgen wir nun den nahen Wegweisern *Trift/Rothornhütte*, gehen über einen Wiesenweg nordwestlich zum Auslauf der Schlucht des *Triftbaches*. Queren über die Brücke auf die (im Aufstieg gesehen) linke Bachseite hinüber. Dort leitet der Weg mit vielen Kehren steil empor zum **Alterhaupt** (1961 m, Wirtshaus). Von hier hat man einen prächtigen Tiefblick auf Zermatt.

Nun wandert man weitaus weniger steil, fast bequem hoch oberhalb des Baches taleinwärts. Man gelangt allmählich wieder zu ihm hinunter, überquert ihn und wandert an den Südhängen der Triftwäng zum alten **Trifthotel** (2337 m), das in einem weitläufigen Wiesenkessel steht. Wer sich noch nicht genügend ange-

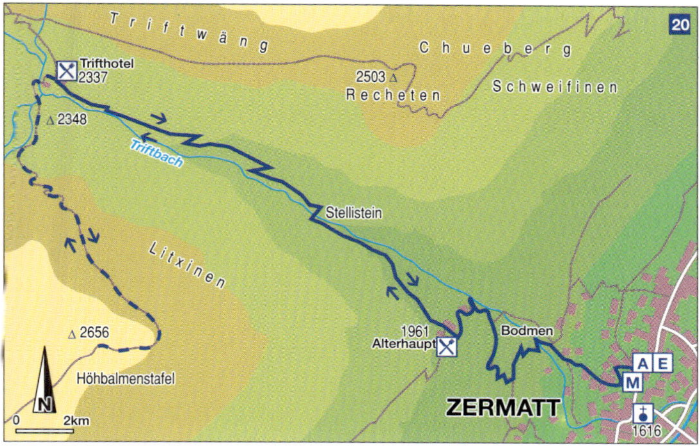

strengt hat, sollte vom Trifthotel noch eine dreiviertel Stunde (knapp 300 Höhenmeter) aufsteigen bis zur **Höhbalmenstafel** (2609 m), von der aus man einen phantastischen Ausblick genießt.

Informationen zur Tour

Ausgangsort

Zermatt (1616 m), Ortsmitte.

Einkehrmöglichkeiten

Alterhaupt, Trifthotel.

Öffnungszeiten

Alpines Museum Zermatt siehe Tour 19.

Unterkünfte

Campingplatz und Jugendherberge siehe Tour 19.

Tourist Information

Zermatt, siehe Tour 19.

Karte

SLK 1348 »Zermatt«, 1:25 000.

Weitere Attraktionen

siehe Tour 19.

Tourenmöglichkeiten

Höhbalmenweg; Rothornhütte (3177m), 2 Std. vom Trifthotel; Mettelhorn (3406 m).

21 Zermattertal – Chalbermatten/ Schönbielhütte

Unter Paradegipfeln (Dent Blanche, Dent d'Hérens, Matterhorn)

km	10/21
Etappen	4/8
Stunden	4/8
Höhenunterschied	489 1078

Talort
Zermatt (1616 m)

Etappen
Zermatt (1616 m) – Zmutt (1936 m) – Chalbermatten (2105 m) und auf Anstiegsroute zurück. Oder weiter hinauf über Hohle Bielen (2402 m) bis zur Schönbielhütte (2694 m); Rückweg auf Anstiegsroute

Tourencharakter
Aussichtsreiche, bis Schönbielhütte anspruchsvolle Bergwanderung. Guter Steig über Wiesen- und Weidegelände; später schmaler Pfad durch baumfreie Hänge und über Blockhalden und Moränenkegel; gelegentlich Trittsicherheit erforderlich

Sehenswertes am Weg
Zmutt: Bauernkapelle, Stadel

Günstigste Jahreszeit
Ende Juni bis Ende September

Altersgruppen
Für Kinder geeignet; bis zur Schönbielhütte nur für geübte, ausdauernde, ältere Kinder

→ Vom Südende Zermatts wandert man aus dem Talgrund in südwestlicher Richtung auf anfänglich breiterem Weg im freien Gelände hinauf. In den Wiesen unterhalb des Weges hat sich eine an die Menschen gewöhnte Murmeltiersippe breitgemacht. Die gar nicht scheuen Tierchen – besonders die jungen – lassen sich bei allerlei Possen beobachten.

Bald durchqueren wir lichten Lärchenwald, steigen weiter nördlich oberhalb des Zmuttbaches hinauf – zuletzt mit einigen Kehren – und gelangen durch Weidegelände zum **Almdörfchen Zmutt** (1936 m). Hier, oberhalb der Schlucht des Zmuttbaches, hat man schon erste Gelegenheit, eine kleine Rast in der Sonne vor den braunen Hütten einzulegen (links droben überm Wald spitzt das Matterhorn hervor).

Wir schauen uns die kleine, einfache, weißgekalkte Bauernkapelle von Zmutt an. Sie enthält sehenswerte Fragmente leider nicht mehr voll erhaltener, alter Wandmalereien. Daneben, Richtung Zmuttbach, sind die Stadel aufgereiht.

Hier im Weiler kann man noch sehr gut die Aufteilung der bäuerlichen Behausungen und Wirtschaftsgebäude erkennen: Direkt beim Wohnhaus im unteren Bereich aus Stein (oftmals Schutz gegen Hangdruck) befand sich nur der »Speicher«. Er diente zur Lagerung von Vorräten (Käse, Fleisch, Mehl, Brote). Auch Wolle, Tuch oder Bekleidung war hier untergebracht. Diese lebenswichtigen Dinge mußten vor dem Zugriff von Schädlingen, hauptsächlich Mäusen, geschützt werden. So stellte man die Gebäude auf mehrere »Beine«, Holzpflöcke (meist vier bis sechs), die am oberen Ende Steinplatten tragen. Der ständig um die separat stehenden Speicher streichende Wind sorgte außerdem für nötige Trockenheit (Trockenfleisch) und Kühle.

»Mäusesteine« schützten auch die weiter von den Wohnhäusern entfernten Stadel, die zumeist dort errichtet wurden, wo das einzulagernde Getreide wuchs, also am Ortsrand, in der Nähe der Korn- oder Gerstenfelder. Im Stadel wurde auch gedroschen.

Zur Heueinlagerung dienten die »Scheuern«, heute allgemein als Stadel bezeichnet. Weit über die Almen verteilt, wirken sie mit ihrem sonnenverbrannten Holz wie schwarzbraune Tupfen in sommergrünen oder winterweißen Hängen.

Von Zmutt führt der Steig in westlicher Richtung an den Hängen

Die Anwesen und Stadel des Almdörfchens Zmutt wurden aus lange gelagerten, handbehauenen, harten Lärchenholzbalken gebaut.

unterhalb der Höhbalmenterrasse taleinwärts, dann oberhalb des *Zmuttbachstausees* vorbei und über die Wiesen von **Bodmen** mit ihren großen Felsblöcken (eindrucksvoller Blick auf die Matterhorn-Nordwand) nach Chalbermatten (2105 m). Hier wäre nun »Halbzeit« des Aufstiegs nach Schönbiel, und es ist keine Schande, umzukehren.

Wer die Kondition hat, bis zur **Schönbielhütte** hinaufzusteigen, geht weiterhin westlich taleinwärts, bald am Fuß einer steilen Felswand entlang und oberhalb eines weiteren Staubeckens kurz in steilen Kehren aufwärts zum Ansatz der mächtigen Seitenmoräne des Zmuttgletschers (linkerhand der eindrucksvolle, frei über die Wand herunterschießende Wasserfall des Arbenbaches). Bald wird der Arbenbach überquert. Danach führt der Steig in westlicher Richtung rechts unterhalb des Moränenkammes bis in die Hohle Bielen (2402 m).

Von dort längere Zeit unmittelbar auf dem Scheitel der Moräne taleinwärts (herrlicher Blick auf die Dent d'Hérens) und zuletzt in Serpentinen über einen Grashang rechts hinauf zur schon längere Zeit sichtbaren Hütte.

Die Aussicht von Schönbiel, besonders auf die ungewohnte (seltener veröffentlichte und daher weniger bekannte) Zmuttgratseite des Matterhorns sowie auf die Dent d'Hérens mit ihrem türmereichen Ostgrat ist großartig. Der Blick talauswärts wird von Strahlhorn und Rimpfischhorn beherrscht.

Informationen zur Tour

Ausgangsort

Zermatt (1616 m), südwestliches Dorfende.

Einkehrmöglichkeiten

Zmutt, Chalbermatten, Schönbielhütte.

Öffnungszeiten

siehe Tour 19.

Unterkünfte

- Schönbielhütte (2694 m), Tel. 028/67 13 54 (etwa 80 Schlafplätze).
- Campingplatz, Jugendherberge sowie weitere Unterkünfte siehe Tour 19.

Tourist Information

Zermatt, siehe Tour 19.

Karten

SLK 1348 »Zermatt« und SLK 1347 »Matterhorn«, beide im Maßstab 1:25 000.

Weitere Attraktionen

siehe Tour 19.

Tourenmöglichkeiten

Vom Schwarzsee (siehe Tour 23) über die Stafelalp zur Schönbielhütte; etwa 3/4 Std. kürzer, jedoch nicht ganz so schön wie über Chalbermatten.

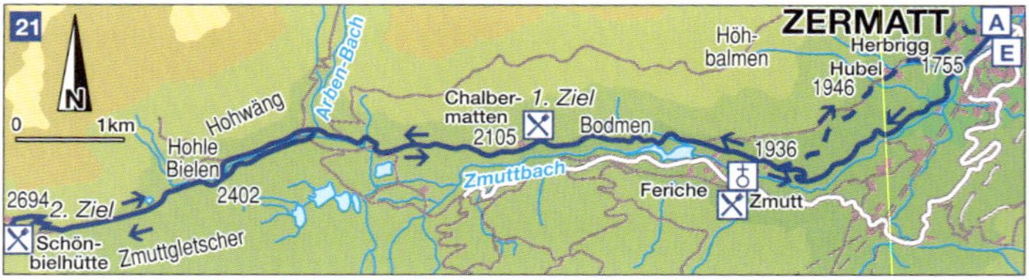

22 Zermattertal – Findeln – Grindjisee – Riffelalp

Auf Matten vorbei an Seen Richtung Gornergrat

km	8,5
Etappen	5
Stunden	4/4,5
Höhenunter- unterschied	814A 230G

Talort
Zermatt (1616 m)

Etappen
Zermatt (1616 m) – Winkelmatten (1672 m) – Findeln (2051 m) – Grindjisee (2334 m) – Gant (2200 m) – Riffelalp (2211 m); Rückweg per Zahnradbahn. (Sonst 595 Höhenmeter Abstieg, zusätzlich ca. 1 ½ Std.)

Tourencharakter
Abwechslungsreiches Wandern gegenüber dem Matterhorn; anfänglich etwas steiler durch lichten Lärchenwald, später Steig über Wiesen und Matten, über steilen Moränenhang (des Grindjigletschers) abwärts und über freie Hänge zur Station Riffelalp; Trittsicherheit an der Moräne erforderlich

Sehenswertes am Weg
Findeln: Kapelle Ze Gassen mit gotischem Tryptichon und bemalter Holzdecke; Stadel, Hotel Riffelalp

Günstigste Jahreszeit:
Ende Juni bis Mitte Oktober

Altersgruppen
Für Kinder geeignet

→ Wir überqueren den Zmuttbach und verlassen Zermatt in südöstlicher Richtung nach *Winkelmatten* (Kapelle siehe Tour 19). Dort links abzweigend (Wegweiser *Findeln*) weiter hinauf bis unter den Wasserfall des Findelbaches. Jetzt links ab, unter den Gornergratbahngleisen hindurch und in Kehren im Wald empor (Zum Stein), bis sich das Tal mit Blick nach Osten öffnet. Nur mäßig ansteigend in östlicher Richtung oberhalb der Schlucht des Findelbaches taleinwärts weiter.

Bald sind die ersten Hütten der Almdörfchen von Findeln zu sehen. Man gelangt nach **Ze Gassen** und **Eggen**, wo man gemütlich einkehren und vorm Restaurant bei einem Superausblick essen kann.

Am Weg (Ze Gassen) besuchen wir auch die von vielen Matterhornfotos (mit Vordergrund Findeln) bekannte Kapelle, die im Gegensatz zu ihren Schwestern ringsum im Innern keinen barocken Prunk aufweist, sondern ein einfaches Tryptichon gotischen Ursprungs.

Der optimale Durchblick. Preisfrage: Erleben Sie ihn auf unserer Wanderung in Ze Gassen oder in Eggen? Sie werden das berühmte Motiv ganz bestimmt finde(l)n...

Über die **Findelnalp** steigen wir in östlicher Richtung weiter bis zum **Grindjisee**, den man mit kurzem Abstieg erreicht. Leider spiegelt sich das Matterhorn fotogen nur bei Windstille darin.

Vom Grindjisee führt der Pfad noch ein Stück taleinwärts, Richtung *Fluealp*, südlich hinauf auf die imposante Seitenmoräne des Findelngletschers (schöner Blick auf das kecke Adlerhorn), auf deren Scheitel man steil absteigt nach **Gant**. Von dort auf schönem Höhenweg in westlicher Richtung nur mäßig ansteigend zur **Station Riffelalp** (2211 m) der Gornergratbahn. Oberhalb der Station steht, zur Einkehr einladend, auf einer Wiesenterrasse das »Berghotel Riffelalp«.

Anhand der Geschichte der Hotelerie in Zermatt, die als Vorreiter die des gesamten Wallis mit geprägt hat, spiegeln sich alpine Erschließung und die Anfänge des »Massentourismus«.

Die ersten »Fremden« im Tal waren um 1780 ein paar Wissenschaftler, die vor den mißtrauisch und drohend mit Messern, Pickeln und Gewehren versammelten Bauern beim Pfarrer Zuflucht suchen mußten. Ab 1812 führte der Pfarrer eine genaue Übernachtungsliste. Der Dorfarzt, »Wundarzt« Lauber, erkannte die Zeichen der Zeit und eröffnete 1838 eine Herberge mit anfänglich drei, später acht Betten. Erst 1852 entstand das »Hotel Mont Cervin« (14 Betten), 1854 bereits das Hotel »Riffelberg«. Damit kommt Alexander Seiler (Sohn einfacher Leute aus dem Goms, der sich beharrlich hocharbeitete) ins Spiel, der zusätzlich an der Stelle des Lauberschen Hauses 1855 das Hotel »Monte Rosa« eröffnete (beim Bau fand man Überreste einer Töpferei aus der Zeit um 700 bis 900 n. Chr. – siehe Museum Zermatt).

1884 wurde das »Hotel Riffelalp« erbaut, bald danach das »Hotel Schwarzsee« (beide Seiler). Die internationale Bergsteigerelite wurde von Seiler liebevoll betreut. Von der Station Riffelalp kehrt man am besten mit der Gornergratbahn nach Zermatt zurück.

Informationen zur Tour

Ausgangsort

Zermatt (1616 m), südöstliches Dorfende.

Einkehrmöglichkeiten

Ze Gassen, Eggen, Berghotel »Riffelalp«, Berghaus Flue.

Öffnungszeiten

siehe Tour 19.

Unterkünfte

- Hotel Riffelalp (2222 m), Tel. 0 28/67 53 33 (40 Betten)
- Campingplatz sowie Jugendherberge und weitere Unterkünfte siehe Tour 19.

Tourist Information

Zermatt, siehe Tour 19.

Karte

SLK 1348 »Zermatt«, 1:25 000.

Weitere Attraktionen

Sonnenaufgang auf dem Gornergrat (Anfang Juli bis Anfang September, siehe auch Tour 19).

Tourenmöglichkeiten

Varianten zur Tour: Abkürzung von Findeln über den Mosjesee (2140 m) zur Riffelalp, etwas kürzer als über den Grindjisee. Verlängerung Grindjisee – Hotel Fluealp (2607 m).

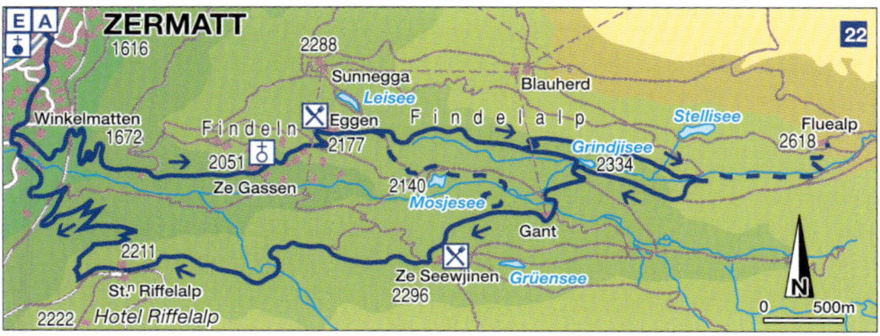

23 Zermattertal – Schwarzsee – Hörnlihütte

Hoch hinauf – auf den Spuren der Matterhornbezwinger

km	8
Etappen	5
Stunden	4/4,5
Höhenunterschied	700

Talort
Zermatt (1616 m)

Etappen
Bergstation (2583 m) – Schwarzsee (2552 m) – Kreuz (2960 m) – Hörnlihütte; Rückweg auf Anstiegsroute

Tourencharakter
Anspruchsvolle Bergwanderung mit viel Ausblick; Steig anfänglich durch baumfreie Matten, später Moränengelände und Blockhalden; Trittsicherheit im letzten Anstiegsbereich (Felszone) unbedingt erforderlich

Sehenswertes am Weg
Am Schwarzsee: Kapelle Maria zum Schnee

Günstigste Jahreszeit
Mitte/Ende Juli bis Mitte/Ende September

Altersgruppen
Für Kinder geeignet, jedoch nur für ältere, geübte und trittsichere Kinder

→ Den Anstieg kürzen wir ab, fahren am südöstlichen Ortsende von Zermatt mit der Seilbahn (umsteigen in Furi) hinauf zur Station beim **Berghotel Schwarzsee**. Dann steigen wir die wenigen Meter zum tiefblauen See hinunter, zur kleinen Kapelle **Maria zum Schnee**, die sich im Wasser zusammen mit dem Obergabelhorn um die Wette spiegelt. Schon lange steht sie hier; viele Menschen haben hier auf dem Weg zum oder vom Matterhorn Einkehr gehalten oder dieses harmonische Bild in sich aufgenommen. Bergmessen werden hier feierlich zelebriert; und so mancher Matterhornbesteiger zündet ein Bittkerzchen an für gutes Gelingen.

Auf einem Pfad gelangen wir südlich oberhalb des *Schwarzsees* über einen Wiesenrücken zu einem ersten, etwas steileren Aufschwung. In Kehren steigen wir bergan, erreichen den Fuß des **Hirli** (der unterste Ausläufer des Matterhorns). Entlang an etwas brüchigen, gelbgrauen Felswänden weiter in südwestlicher Richtung. Es folgt ein Wegstück über einen in den Felsen rechter Hand fixierten Steg aus Metallrosten. Bald wird ein Felsabbruch erreicht, an dem es in Kehren

Die Kapelle Maria zum Schnee steht ein paar Meter abseits des Hauptweges zur Hörnlihütte und ist nahezu mit der Seilbahn erreichbar; im Hintergrund die Dent Blanche.

zu einer Kammhöhe hinaufgeht. Auf der Nordseite steigen wir nun in südwestlicher Richtung weiter empor bis zu einem Kreuz (etwa 2960 m). In der Mulde unterhalb kann man gut rasten.

Wenn der steile, serpentinenreiche Weiterweg schneebedeckt oder gar vereist ist, sollte man hier an Umkehr denken. Auch weniger trittsichere Bergwanderer, denn der Anstieg wird nun wesentlich ernster.

Es geht jetzt in der Nordflanke des Hanges – immer nah an der Grathöhe – mit vielen Kehren (manchmal etwas ausgesetzt) durch Felsgelände, zuletzt erst an der Südseite des Gratrückens zur **Hörnlihütte** hinauf (3260 m), neben der auch das **Hotel Belvédère** steht.

Eine ordentliche Brotzeit haben wir uns jetzt verdient; dann machen wir jedoch denen Platz, die morgen die »Tour ihres Lebens« vor sich haben, und wünschen ihnen in Gedanken gutes Gelingen.

Informationen zur Tour

Ausgangsort

Zermatt (1616 m): Seilbahnbergstation Schwarzsee (2583 m).

Einkehrmöglichkeiten

Bergrestaurant Furi; Hotel Schwarzsee; Hörnlihütte; Hotel Belvédère.

Öffnungszeiten

siehe Tour 19.

Unterkünfte

- Berghaus »Silvana« Furi, Tel. 0 28/67 20 12 (40 Betten).
- Hotel Schwarzsee, Tel. 0 28/67 22 63 (14 Betten).
- Berghaus Belvédère (10 Schlafplätze), Tel. 0 28/67 22 64.
- Hörnlihütte (3260 m), Tel. 0 28/67 27 69 (50 Lager)
- Campingplatz und Jugendherberge siehe Tour 19.

Tourist Information

Zermatt, siehe Tour 19.

Karten

SLK 1348 »Zermatt« und SLK 1347 »Matterhorn«, 1:25 000.

Weitere Attraktionen

siehe Tour 19.

Tourenmöglichkeiten

Schwarzsee – Zmutt – Zermatt.

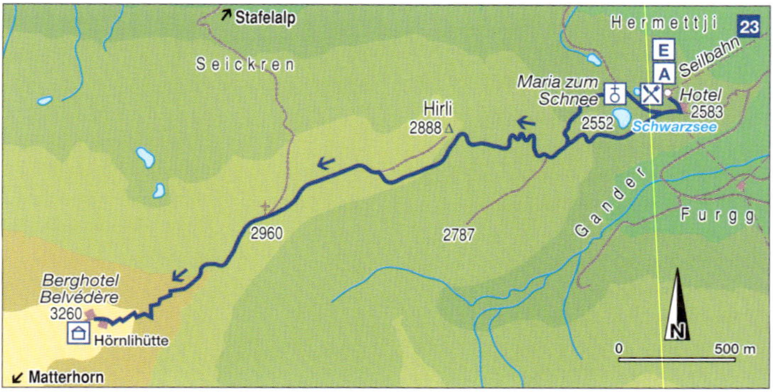

24 Saastal – Britanniahütte

Leichte Gletscherwanderung oberhalb Saas Fee

km	4
Etappen	2
Stunden	1,75
Höhenunter-unterschied	60

Talort
Saas Fee (1792 m)

Etappen
Felskinn (2991 m) – Britanniahütte (3030 m) – Felskinn (2991 m); entweder noch zum Eispavillon Mittelallalin (3500 m) oder per Seilbahn nach Saas Fee zurück

Tourencharakter
Gut markierte, flache Gletschertrasse. Bei guten Wetter- und Schneeverhältnissen leichte Gletscherwanderung, für die kein Führer notwendig ist. Man sollte sich jedoch im Fremdenverkehrsbüro vorher nach den Wegeverhältnissen erkundigen. Bei Vereisung oder schlechter Sicht ist der Gang zur Britanniahütte nicht ratsam

Sehenswertes am Weg
Wegkreuze im Saastal; Saaser Museum, Eispavillon an der Station Mittelallalin

Besondere Ausrüstung
Man befindet sich nach Verlassen der Seilbahnbergstation sofort in hochalpinem Gelände; Bergschuhe mit Profilsohle sind zu tragen, Wärmeschutzkleidung ist unbedingt mitzuführen

Günstigste Jahreszeit
Mitte Juli bis Mitte September

Altersgruppen
Für Kinder geeignet

→ Vom Zermatter Tal ist es nur ein Katzensprung ins benachbarte Saastal und nach Saas Fee.

Der Touristenandrang im autofreien Gletscherdorf führte leider zum Bau von Großparkplätzen beim Ortseingang. Dabei verkehren die Postbusse nach Visp und Brig regelmäßig.

Vor unserem Weg über den Gletscher wollen wir einen Rundgang durch das **Saaser Museum** machen.

Gleich daneben steht eines der für das Saastal so typischen alten (um 1760) **Wegkreuze** (die man sonst im Wallis selten in solcher Schönheit findet), womit man sich durch die Kraft Christi gegen die Naturgewalten schützen wollte.

Das Saaser Museum dokumentiert sowohl die Entwicklung des Tales mit Szenen aus dem bäuerlichen Leben, Möbeln, Trachten,

Der Preis für ein autofreies Saas Fee sind seine betonierten Parkplätze. Im Dorfkern aber finden wir noch manch schönes Walliser Haus.

Hausrat, als auch Bewässerungsregeln, Geologie, Mineralogie (man kann Steine unterm Mikroskop betrachten). Es zeigt die Entwicklung des Führerwesens sowie alte Berg- und Skiausrüstung bis hin zum modernen Outfit Pirmin Zurbriggens (in Saas Almagell beheimatet), worin er bei den Olympischen Spielen 1988 in Calgary die Goldmedaille gewann. Im zweiten Stock befindet sich das Arbeitszimmer Carl Zuckmayers.

Doch nun nichts wie hinauf auf den Gletscher, in die Sonne. Von der Bergstation der Felskinn-Seilbahn (2991 m) geht man in Ostrichtung meist über Schnee in den weiten Sattel zwischen Egginerjoch und Hinterallalin und wandert dann am obersten Rand des Chessjengletschers an den Nordostabstürzen des Hinterallalin entlang meist auf breiter Spur zur Britanniahütte (3030 m).

Nach aussichtsreicher Rast geht man auf der gleichen Route zurück zum Felskinn und fährt mit der Seilbahn nach Saas Fee hinunter. Eindrucksvoller ist es allerdings, vorher einen Gang durch den **Eispavillon** (Station Mittelallalin) zu unternehmen.

Informationen zur Tour

Ausgangsort

Saas Fee (1792 m): Bergstation der Felskinn-Seilbahn (2991 m).

Anfahrt

Ab Brig/Visp/Stalden per Bus oder Auto

Einkehrmöglichkeiten

Britanniahütte (3029 m); Drehrestaurant »Metro-Alpin« (3500 m).

Öffnungszeiten

Saaser Museum, offen Sommer Di–So, 10–12 u. 14–18 Uhr, Winter Di–Fr, 14–18 Uhr,
Tel. 028/571475 u. 572315;
Eispavillon Mittelallalin (Eisgrotte 2500 m^3) in 3500 m Höhe,
Tel. 028/573560.

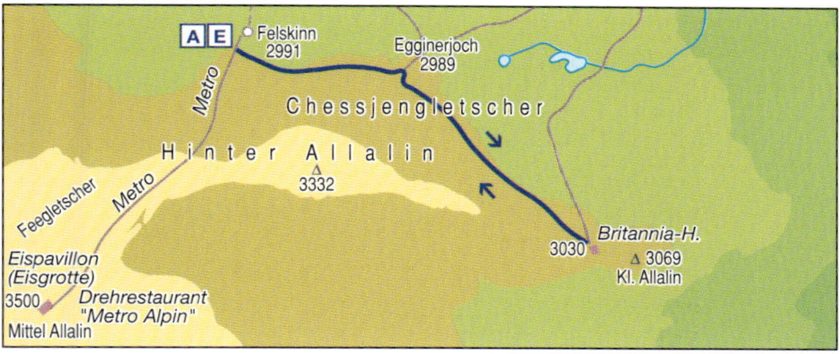

Unterkünfte

• Campingplätze: Saas Grund: »Am Kapellenweg«, 2* (ZW), Tel. 028/572989 u. 571954; »Bergheimat«, 2* (ZW), Tel. 028/572066 u. 571289. • Jugendherberge: Zermatt, siehe Tour 19.
• Touristenlager: Info Verkehrsverein Saas Fee.
• Hütten: Britanniahütte (3029 m), Tel. 028/572288 (113 Schlafplätze).

Tourist Information

CH-3906 Saas Fee,
Tel. 028-591111 <0 27/9 59 1111>,
Fax 028-571860 (7400 Betten).

Karten

SLK 1328 »Randa« und SLK 1329 »Saas«, beide 1:25000.

Weitere Attraktionen

Tennis, Hallenbad, Reiten, Sommerskilauf, Mountainbiking, Alpinschule, geführte Eis- u. Klettertouren, geführte Wanderungen (Kultur, Gletscher, Botanik, Wild, Mineralien); Freizeitzentrum »Bielen«; Sonnenaufgang im Drehrestaurant Metro-Alpin.

Tourenmöglichkeiten

»Gemsweg« Hannigbergstation – Gletschersee – Wasserfall – Plattjen; Murmeltierparadies (=Ökopfad): Saas Fee – Gletschergrotte Feegletscher – Spielboden – Bergstation; Steinwildpfad: Saas Fee – Hohnegg – Hannig – Melling; Teiletappen der TMR, Tour Monte Rosa: entweder von Saas Fee über Balfrinalp – Hannigalp – Grächen – Talflüe – Herbriggen – Randa – Täsch nach Zermatt oder Saas Fee – Saas Almagell – Mattmarkstaudamm – Monto Moropaß (2868 m) nach Macugnaga, Italien (=Walserweg);
ab 1996 neuer »Literatur-Wanderweg«: auf Carl Zuckmayers Spuren.

25 Saastal – Almageller Alp – Almagellerhütte

Unterwegs zum Zwischbergenpaß

km
5,25
12

Etappen
4/6

Stunden
3,5/7

Höhenunterunterschied
534
1234

Talort
Saas Balen (1483 m)

Etappen
Kultur: Saas Balen (1483)
Tour: Saas Almagell-Dörfli (1660 m) – Chüelbrünnji (2053 m) – Almageller Alp (2194 m) und auf Anstiegsroute zurück, oder weiter hinauf zur Almagellerhütte (2894 m); Rückweg auf Anstiegsroute

Tourencharakter
Aussichtsreiche Höhenwanderung. Anfänglich steil durch Bergwald, später mäßig steil über Almwiesen; bis Almagellerhütte teilweise steiler Steig, im oberen Teil durch Blockgelände; Trittsicherheit erforderlich

Sehenswertes am Weg
Saas-Balen: spätbarocke Rundkirche

Günstigste Jahreszeit
Anfang Juli bis Mitte September

Altersgruppen
Für Kinder geeignet; bis Almagellerhütte nur für ältere, geübte, trittsichere Kinder

→ Wenn man von Stalden kommend die steile, tunnelreiche Passage der Saastalstraße hinter sich gebracht hat, weitet sich das Tal etwas, und bei einer Straßenkurve vor einer Brücke über die Saaser Vispa taucht plötzlich eine etwas ungewöhnlich geformte, weißgekalkte Kirche mit hohem Turm und Zwiebelspitze auf: die **Rundkirche** (Rotonda) von **Saas Balen**.

Hier lohnt es sich, zu verweilen und diese ganz besondere Kirche (seit 1962 zum Objekt von nationaler Bedeutung deklariert), eigentlich ein architektonisches Kuriosum, von allen Seiten, d. h. von außen und innen, zu besichtigen. Erst im Oktober 1994 wurden umfangreiche, zeit- und kostenaufwendige Restaurierungsarbeiten abgeschlossen, und das Bauwerk erstrahlt in neuem Glanz und voller Schönheit.

Der Erbauer, Johann-Josef Andenmatten (1754–1829) aus Sitten (Sion), gebürtiger Saas Balener, war ein Allroundgenie; als Architekt zwar Autodidakt, war er Maurermeister,

Die berühmte, spätbarocke Rundkirche von Saas Balen, erbaut 1710-12, wurde 1962 zu einem Objekt von nationaler Bedeutung deklariert.

Steinmetz, Stukkateur, Ingenieur in Personalunion. Und so erbaute er mit sicherem Stilgefühl für sein Tal eine spätbarocke Kirche zu einem Zeitpunkt, in dem bereits der Klassizismus in voller Blüte stand.

Die Geschichte der Kirche ist rasch erzählt. Fast zeitgleich mit der ersten Kirche in Saas Fee 1535 (später durch die Theodulskapelle (1666) abgelöst, die wiederum der heutigen Platz machen mußte), entstand im Tal bei Saas Balen (bei Niedergut, »bergseits der Saumstraße«) ein kleines Kapellchen (»die Wundertätige«) zu Ehren Maria Himmelfahrt, ausgestattet mit einem gotischen Flügelaltar. Aufgrund seines Standorts wurde es jedoch bereits 1705 durch einen »ehrlichen Steinschlag, der nicht wissen konnte, was er tat«, zerstört. An gleicher Stelle wurde 1710–12 eine neue, größere Kapelle erbaut.

Obwohl man vorher einen anderen Platz für den Kirchenbau bestimmt hatte, wurden nächtens alle Werkzeuge – wie von Geisterhand – immer wieder an den ursprünglichen Standort der alten Kapelle zurückgetragen. Dort entstand schließlich nach »höherem Willen« auch die neue Kirche. Die Mär von den nachts weggetragenen Werkzeugen – besonders bei Kirchenbauten – begegnet einem im gesamten Wallis. Man kann davon ausgehen, daß es durchaus irdische Geister waren, die – aus welchen Gründen auch immer – beim Ortswechsel der Werkzeuge nachhalfen. Möglicherweise, weil sonst um die Wundertätigkeit der Heiligtümer gefürchtet wurde. Allerdings war man vorsichtiger geworden und baute bergseitig keine Fenster in die Kirchenmauer. 1744 stattete man das Gotteshaus mit kostbaren barocken Altären aus (vergoldet von Kaspar Leser aus St. Gallen, dem Schwiegersohn von Johann Ritz aus Selkingen); 1782 kam ein Josephsaltar hinzu.

Leider ließen die bösen Geister keine Ruhe; erneute Steinschläge beschädigten zuletzt 1796 auch diesen Bau so stark, daß die Kirche dem Verfall preisgegeben wurde.

Nach langem Streit um die Realisierung (jede der Talfamilien half bei früheren Kirchenbauten nicht nur durch Spenden, sondern auch reihum tatkräftig unentgeltlich mit), konnte 1809 mit dem Bau einer neuen Kirche »Maria Himmelfahrt« an sichererem Platz begonnen werden. Am 13. September 1812 wurde der prächtige Bau eingeweiht.

Die Altäre (Hochaltar v. 1744, linker Seitenaltar – hl. Josef) der früheren Kapelle und die Glocke waren noch erhalten und sind noch jetzt in der Kirche untergebracht. Der rechte Seitenaltar (Pietà und hl. Petrus) sowie die Stationsbilder (um 1815) kamen hinzu.

1995 haben die Saaser Gemeinden einen »Kulturpfad Kirchen und Kapellen« eröffnet, der hier beginnt und sich an der Vispa entlang talaufwärts zieht (s. auch Tour 26).

Doch wir fahren jetzt mit dem Postbus oder Auto die wenigen Kilometer hinauf nach Saas Almagell, wo unsere Bergtour beginnt. Von **Saas Almagell-Dörfli** (1660 m) gehen wir zunächst ostwärts in Kehren an den felsdurchsetzten steilen Hängen durch lichten Lärchenwald aufwärts. Bei der Wegstelle Chüelbrünnji öffnet sich gegen Osten das Almageller Tal, und die Steilheit des Weges nimmt ab. Man wechselt auf die nördliche Bachseite und erreicht auf gutem Steig mit Blick auf den Portjengrat die **Almageller Alp** mit ihrem Hotel (2194 m).

Wer genügend Ausdauer mitbringt, wandert weiter taleinwärts. Bald führt der Weg an der nördlichen Talseite in steilen Kehren hinauf. Der Rottalbach wird überquert. Dann geht es weiter steil empor, teilweise über Geröllfelder, bis der schöne Steig allmählich ins Wysstal hineinführt. Nun mäßiger steil unterhalb der Felszone der **Dri Horlini** entlang, und bald ist die freundliche **Almagellerhütte** (2894 m) erreicht.

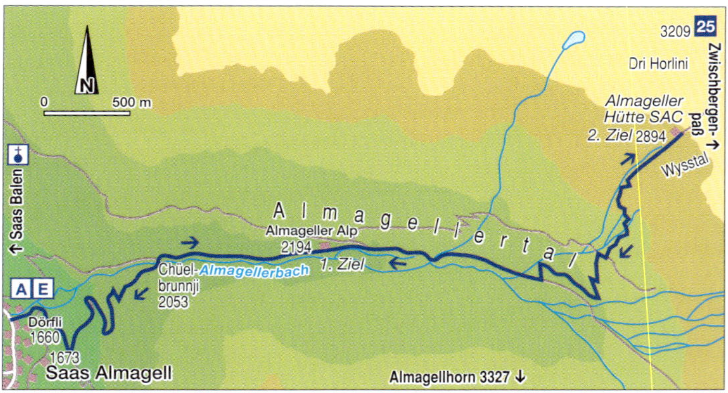

Informationen zur Tour

Ausgangsort

Saas Almagell (1673 m),
Saas Almagell Dörfli (1660 m).

Anfahrt

siehe Tour 24.

Einkehrmöglichkeiten

Hotel Almageller Alp; Almagellerhütte; div. Restaurants in Saas Balen, Saas Grund, Saas Almagell.

Öffnungszeiten

siehe Tour 24.

Unterkünfte

- Campingplatz siehe Tour 24.
- Jugendherberge: Zermatt, siehe Tour 19.
- Touristenlager: Hotel Almageller Alp (2194 m), bew. Mitte Juni bis Mitte Okt., Tel. 028/571736 (45 Schlafplätze).
- Hütten: Almagellerhütte (2894 m), Tel. 028/571179 (88 Schlafplätze).

Tourist Information

CH-3908 Saas Balen,
Tel. 028/571689 <0 27/9 57 16 89> (600 Betten); CH-3910 Saas Grund,
Tel. 028/572403 <0 27/9 57 24 03>,
Fax 028/571143 (4500 Betten);
CH-3905 Saas Almagell,
Tel. 028/572653 <0 27/9 57 26 53>,
Fax 028/571464 (2000 Betten).

Karte

SLK 1329 »Saas«, 1:25000.

Weitere Attraktionen

Tennis, Hallenbad, Paragliding, Mountainbiking, Angeln, geführte Wanderungen (Dorf, Wild, Flora, Gletscher), geführte Eis- u. Klettertouren; Sonnenaufgang Hohsaas (3100 m); Bergsteigerschule in Saas Grund (siehe auch Tour 24).

Tourenmöglichkeiten

Weißmies-Höhenweg von der Station Kreuzboden (2397 m) der Hohsaas-Seilbahn (Talstation Saas Grund) zur Almageller Alp und Abstieg nach Saas Almagell; oder oberhalb Talstation über Morgsteine – Mälliga zum Triftgrätji und durch Furrwald hinunter nach Saas Grund; »Alpenblumen-Promenade« Kreuzboden – Saas Grund;
oder Teiletappen der TF Tour Fletschhorn: Kreuzboden – Almagellerhütte – Zwischbergenpaß (3268 m; Weg 1992 neu angelegt) – Gmeinalp – Zwischenbergen (1359 m) – Stockalperweg – Simplon Dorf (1460 m, Walsersiedlung) - Brig; oder Saastalauswärts: Kreuzboden – Gspon (1893 m).

26 Saastal – Kapellenweg nach Saas Fee

Auf Pilgerpfaden zur Gletscherarena

km	4,75 5,5
Etappen	6
Stunden	1,75 2,25
Höhenunter-unterschied	244

Talort
Saas Grund (1559 m)

Etappen
Saas Grund (1559 m) – Campingplatz (1575 m) – Kapelle Zur Hohen Stiege (Feevispa überqueren) (1749 m) – Saas Fee (1803 m); Rückweg auf Anstiegsroute; oder Variante: ab Kapelle Zur Hohen Stiege Abstieg zum Weiler Unter den Bodmen (1593 m) und nach Saas Grund

Tourencharakter
Von der Saaser Vispa auf Andachtsweg zur Gletscherarena von Saas Fee. Pfad durch felsdurchsetzten Hang, über Steinstufen und Platten

Sehenswertes am Weg
Kapellen am Weg zwischen Saas Grund und Saas Fee

Günstigste Jahreszeit
Mitte Juni bis Mitte Oktober

Altersgruppen
Für Kinder geeignet

→ Bei all den herrlichen Wander- und Tourenmöglichkeiten des **Saastales** sollte diese kleine, aber feine Wanderung nicht fehlen. Hier erleben wir buchstäblich Kultur und Natur gleichzeitig, mit der Möglichkeit, innere Einkehr zu halten.

Barocke Kapellenwege sind eine eher italienische Angelegenheit. Es gibt die »Sacri Monti« in der Lombardei, im Piemont (z. B. Orta, Varese, Varallo). Im Wallis findet man sie lediglich noch im Bereich Visp (Visperterminen) und im nahen Rhônetal (Turtig/Raron und Ried-Brig). Doch nur hier, am Weg zwischen Saas Grund und Saas Fee, sind noch alle Kapellchen erhalten und die (gittergeschützten) Figuren komplett vorhanden. Die bildstockartigen Bethäuschen und ihre etwa 100 Figuren, die sie bevölkern, sind zwischen 1708 und 1711 entstanden (1993 restauriert).

Der unbekannte Künstler schuf seine (ca. 60 cm großen) holzgeschnitzten Gestalten und Tiere in einer Zeit, in der höfische Mysterienspiele und biblische Dramen theaterhaft in Szene gesetzt und aufgeführt wurden. So wundert es nicht, wenn die Darstellungen in den Kapellchen wie Theateraufführungen »inszeniert« sind, die Figuren, die die

Geheimnisse des Psalters darstellen, antike Kleidung tragen und schöne »Bühnenbilder« die Kulisse bilden.

Wir beginnen diese Wanderung direkt in **Saas Grund** beim Dorfplatz (Parkplatz und Postbushaltestelle), überqueren die Vispa auf der Straßenbrücke und gehen auf breitem Pfad (Wegweiser »Kapellenweg, Unter den Bodmen«) am westlichen Ufer entlang talaufwärts in südlicher Richtung bis in Höhe des Campingplatzes. Ziemlich bald erreichen wir den Beginn des **Kapellenweges**, der nach rechts hinaufführt.

Der Pfad wird ab hier schmaler, beginnt den steilen Hang emporzusteigen. Über Steinstufen gelangen wir zum ersten der 15 gemauerten, weißgekalkten Bethäuschen, die ab da in unregelmäßigen Abständen den Weg säumen. Halbrunde Fensteröffnungen, von ockerfarbenen Einfassungen umrahmt, geben Einblick auf die jeweilige Darstellung. Ein oder zwei Stufen vor den Fenstern bieten Gelegenheit zur Andacht und zum Verweilen.

Die erste Szene zeigt die Verkündigung. Im zweiten Häuschen folgt die Herbergssuche. Das dritte Haus enthält die Geburt Christi. Es folgen die Anbetung der Könige und der Leidensweg Christi mit drastischen Darstellungen (Soldaten, Spötter, Folterknechte), bis hin zur Kreuzigung und Auferstehung. Danach Pfingstwunder und Mariä Himmelfahrt. Das letzte Kapellchen zeigt die Krönung Mariens. Beeindruckend hier die Wolkenmalereien.

Über glattgeschliffene Felsplatten und Steinstufen windet sich der Pfad zwischen den Bethäuschen in Serpentinen den grasigen, felsdurchsetzten, teilweise lärchenbestandenen Hang empor.

An der **»Hohen Stiege«**, einer Felspassage mit 77 Monolithstufen aus dem Jahr 1704, endet der Kapellenweg. Hier steht auch die **Marien-Wallfahrtskapelle** »Zur Hohen Stiege«. Diese wurde 1687 von Anton Ruppen (Steinhauer und Maurermeister) erbaut. An der südlichen Außenwand befindet sich eine sehr schöne Sonnenuhr. Am Dach ein kleines Glockentürmchen aus bogenförmigem Tuffstein. 1747 entstand der offene, hallenartige Vorbau mit drei Arkaden aus graugrünen, toskanischen Granitsäulen, die auf hohen Gneissockeln stehen.

15 gemauerte Kapellchen geben dem »Kapellenweg«, der von Saas Grund nach Saas Fee führt, seine Prägung; auch Zuckmayer ging ihn gern.

Die Decke, ein spätgotisches Sternrippengewölbe, ist verziert mit Arkantusblüten (Scheitel) und Engelsköpfen. Ein formschöner Kanzelkorb (der an die Erker von Engadiner Häusern denken läßt) befindet sich in der rechten Wand. Der Hochaltar entstand zwischen 1695 und 1709.

Von hier sind es noch knapp 10 Minuten bis zum Ortseingang von Saas Fee, das man in Höhe des Postamts (Bushaltestelle) erreicht. Vielleicht schließt man einen Rundgang durchs Dorf an, geht vorbei am Denkmal des berühmten Saaser Bergsteigerpfarrers und Tourismuspioniers Johann Josef Imseng (6. 6. 1806–5. 7. 1869), dessen Geburtshaus (»Bergfriede«) neben dem **Saaser Museum** steht.

Am Rückweg können wir ab der Kapelle **Zur Hohen Stiege** eine Variante über den Weiler Unter den Bodmen wählen.

Informationen zur Tour

Ausgangsort

Saas Grund Dorf (1559 m), Vispa-Brücke nahe Dorfplatz.

Öffnungzeiten

siehe Tour 24.

Übernachtungen

• Campingplatz und Jugendherberge siehe Tour 24.

Tourist Information

Saas Balen, Saas Grund,
Saas Almagell siehe Tour 25;
Saas Fee siehe Tour 24.

Karte

SLK 1329 »Saas«, 1:25 000.

Weitere Attraktionen

siehe Touren 24 und 25.

Tourenmöglichkeiten

Von Saas Fee über Bodmen nach Saas Almagell – Zermeiggern (1740 m).

27 Saastal – Mattmark – Monte Moro

Rund um den Mattmarkstausee – oder auf dem Walserweg zum Monte Moro-Paß

km	9,5 16,5
Etappen	7/11
Stunden	3/5,5
Höhenunterunterschied	160 665

Talort:
Saas Almagell (1673 m)

Etappen
Parkplatz Mattmark (2203 m) – Dammkrone – Anstiegspunkt Höhe 2340 m – Ofentalbach (2329 m) – Seebach (südl. Seende) (2224 m) – Schwarzbergbach (2238 m) – Damm – Parkplatz (2203 m); Rundtour; oder ab Seebach weiterer Anstieg über Tälli zur Paßhöhe (2868 m) und auf Anstiegsweg zurück bis Seebach, von dort weiter wie a)

Tourencharakter
Schöne, aussichtsreiche Höhenwanderung mit Blick auf See und Gletscherberge. Steig, teilweise breiterer Almweg durch baumfreie, grasige, und über felsdurchsetzte Hänge; weiter oben, Richtung Paßhöhe Blockfelder, Steinplatten und Felsbänder

Sehenswertes am Weg
Fels-Erd-Damm des Mattmarkstausees; vom Monte Moro-Paß Blick zum Monte Rosa

Günstigste Jahreszeit
Ende Juni bis Ende September

Altersgruppen
Für Kinder geeignet; bis Monte Moro-Paß nur für ältere, geübte und trittsichere Kinder

→ Sie ist schon von weitem zu sehen, schaut aus wie ein Moränenhang oder eine überdimensionale Böschung, die den Talschluß wie eine Barriere abriegelt: die begrünte, 120 Meter hohe **Talsperre** des **Mattmarkstausees**. Aufgrund der geologischen Gegebenheiten wurde hier ein Fels-Erd-Damm erbaut (Stau-Volumen ca. 10 Millionen m^3). Man wollte einerseits die Schmelz- und Gletscherwasser des Sommers auffangen und die Energie der gespeicherten Wasserkraft nutzen.

Andererseits sollte durch den Bau der Staumauer südlich der Südmoräne des Allalingletschers (d. h. hinter dem früheren Auslauf der Gletscherzunge) aber auch endgültig verhindert werden, daß – wie jahrhundertelang geschehen – durch vordringendes Eis die Vispa zum See aufgestaut wird, der dann ausbrechen kann. Der unberechenbare Allalingletscher versperrte zeitweilig (zuletzt 1923) das gesamte obere Tal bis zu den gegenüberliegenden Wänden, staute die Wasser der Vispa bisweilen 30 Meter hoch auf (1834). Unkontrollierte Seeausbrüche (allein 20 zwischen 1589 und 1808!) waren die Folge.

In der 1851 in Sitten erschienen Saaser Talchronik beschrieb Peter Josef Ruppen den Allalingletscher als einen »Gletscher, der in zerborstenen Massen östlich in den Thalgrund hinabstürzt und da den berüchtigten Matmargsee bildet, zuweilen auch hoch anschwellt und zum Verderben des Thalgrundes gählings wieder losstürmen läßt...«

Im nächsten Teil der Saaser Talchronik ergänzte Gustav Imseng: »Von 1915 bis 1918 wuchsen die Gletscher des Saastales wieder an. Der Allalingletscher netzte sogar seine Zunge drunten im Bach und stieß auf der andern Seite hinauf, so daß man sich genötigt sah, den Weg nach Mattmark höher anzulegen...«.

Wer zum Monte Moro-Paß wollte, mußte das eisige Hindernis entweder links umgehen oder von rechts kommend, die zerklüftete Gletscherzunge queren.

Im Mittelalter (10. und 13.–14. Jh.) machten sich aus den Tälern die Walser auf, nahmen unter anderem ihren Weg durch das Saaser Tal, um sich in den Hochregionen der Alpensüdseite anzusiedeln. Über die Beweggründe dieses Exodus wurde und wird viel spekuliert.

Verhandlungsgeschickt waren die Walser jedenfalls. Denn das 1291 in Saas Almagell verfaßte Dokument »Pace del Monte Rosa« sicherte ihnen ihre persönliche Freiheit zu, regelte die eigenen Gerichtsbarkeiten. In freien Erblehen erhielten sie Grund und Boden.

Mühevoll und geschickt rangen die Walser dem steinigen Almboden Weideflächen ab, betrieben Viehzucht und Holzwirtschaft. Macugnaga, jenseits des Monto Moro-Passes gelegen, ist zum Beispiel solch eine deutschsprachige Walseransiedlung (wobei inzwischen das Italienische überwiegt). Lange bevor 1605 die Alpenordnung von Matthäus Schiner (Bischof von Sitten) den Besitzstand der Walliser Bauern regelte (60 Schafe und 2 Rinder oder 2 Pferde, oder nur 8 Kühe, oder anstatt jeder Kuh 10 Schafe oder Ziegen), lebten die Walser schon nach ihren festgeschriebenen Regeln.

Die Wanderung beginnt beim Parkplatz unterhalb der Staumauer. Die Besichtigung des Staudammes sollten wir zeitlich in unsere Wanderung einplanen. Mit Sicherheit wird uns unterhalb der Gletscherzunge des **Allalingletschers** ein Kreuz auf einem riesigen, grünlich blauen Felsblock auffallen, das an eine Katastrophe aus jüngerer Zeit erinnert: In der letzten Bauphase des Mattmarkstaudamms kam es – sogar für Wissenschaftler völlig überraschend – am 30. August 1965

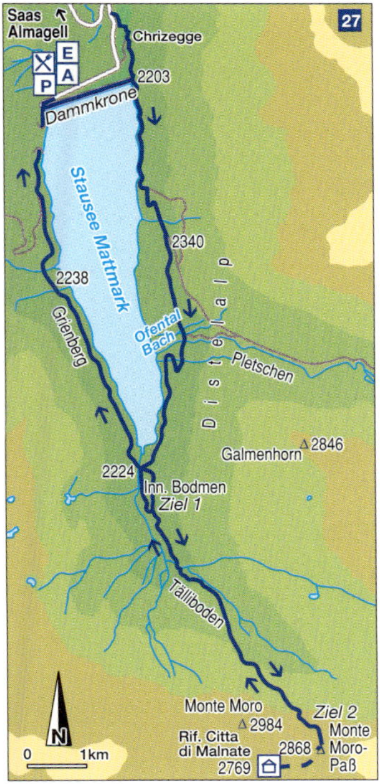

um 17.15 Uhr zu einem Eisabbruch am Allalingletscher. Eine Million Kubikmeter Eis fegten in Sekundenschnelle über die glatten Felsen hinab, verschütteten und töteten 88 Menschen in den unterhalb in der Mulde befindlichen Baubaracken.

Wir laufen über die Dammkrone hinüber zum östlichen Seeufer, gehen zuerst auf etwas breiterem Weg in südlicher Richtung. Nach einer Weile führt ein guter Steig, anfänglich etwas steiler, später mäßiger steil den Hang zur Distelalp empor. Bald ist (bei 2340 Metern) der höchste Punkt unserer Wanderung erreicht. Man überquert den Ofentalbach, steigt in großen Kehren leicht abwärts bis zum Seebach südlich des Seendes, den man überquert, um in nördlicher Richtung am westlichen Seeufer entlang zurückzuwandern.

Wer genug Zeit und Kondition hat, sollte jedoch den abwechslungsreichen Steig Richtung Tälliböden (weiß-rot-weiße Markierung) weitergehen und, später über Blockfelder, Felsbänder und Gesteinshalden, hinaufsteigen bis zur Monte Moro-Paßhöhe (2868 m, gleichzeitig Staatsgrenze), von wo sich ein einmaliger und gewaltig beeindruckender Einblick in die **Monte-Rosa-Ostwand** bietet. Einkehrmöglichkeit auf der gleich unterhalb (2769 m) gelegenen Hütte **Citta di Malnate**.

Informationen zur Tour

Ausgangsort

Saas Almagell (1673 m), Bushaltestelle/Parkplatz Mattmark (2203 m).

Anfahrt

Postbus bis Mattmarkstaudamm; oder Auto

Einkehrmöglichkeiten

Restaurant Mattmark; Rifugio Citta di Malnate (2769 m) wenige Minuten unterhalb der Monte Moro-Paßhöhe (von dort führt die Seilbahn ins Tal nach Macugnaga-Staffa); div. Restaurants in Saas Almagell.

Öffnungszeiten

Saas Almagell, Trachtenpuppenmuseum am Dorfplatz, offen Mo–Fr, 14–18 Uhr, So 14–16 Uhr, Tel. 028/57 26 53 (siehe auch Tour 24); Kraftwerk u. Mattmarkstaudamm einmal wöchentl. zu besichtigen (bisher Di, 13.45 Uhr), vorher beim Verkehrsbüro anfragen.

Unterkünfte

- Campingplatz siehe Tour 24.
- Jugendherberge siehe Tour 24.

Tourist Information

siehe Tour 25.

Karten

SLK 1329 »Saas« und SLK 1349 »Monte Moro«, beide 1:25000.

Der vollkommen unschwierige Rundweg um den Mattmarkstausee besticht mit reizvollen Landschaftsdetails.

Weitere Attraktionen

siehe Touren 25 und 24.

Tourenmöglichkeiten

»Walserweg«-Fortsetzung über Monte Moro-Paß (2868 m) weiter (gleichzeitig auch Teiletappe der TMR, Tour Monte Rosa) hinunter nach Macugnaga-Staffa (1320 m) – Biv. Lanti – Cle. del Turlo (2738 m) – Alagna (1190 m) etc. oder entgegengesetzte Richtung (siehe auch TMR bei Touren 24 und 19).

28 Goms – Riederalp – durch den Arvenwald überm Aletsch

Urwald überm längsten Gletscher der Alpen

km
9,5
10,5

Etappen
8

Stunden
3,5/4

Höhenunter-unterschied
420
440

Talort
Glis-Brig (684 m), Rhônetal; Mörel (759 m), Rhônetal/Goms

Etappen
Kultur: Glis-Brig: Wallfahrtskirche Maria Himmelfahrt; Tour: Bergstation Riederalp (1925 m) oder Greicheralp (1906 m) – Riederfurka (2065 m) – Villa Casell (2085 m) – Aletschwald (mittlerer Weg, 2016 m) – Breite Bode (2206/2240 m) – Blauseeli (2204 m) – Breite Bode – Hohfluh (2227 m) – Riederfurka (2065 m); Rundtour; ab Riederfurka erfolgt der Rückweg auf dem Anstiegsweg

Tourencharakter
Höhenwanderung mit überwältigenden Weit- und Tiefblicken. Steige durch baumfreie Grashänge bzw. im lichten Aletschwald

Sehenswertes am Weg
Älteste Wallfahrtskirche des Wallis in Glis. Naters: Kirche und Schloß. Kapelle Hohenflüh. Riederfurka: Villa Cassel, Alpingarten. Riederalp: Muttergotteskapellchen

Günstigste Jahreszeit
Mitte Juni bis Mitte Oktober

Altersgruppen
Für Kinder geeignet

→ Vom Zermatter- und Saastal fahren wir über Visp Richtung Brig. Automobilisten sollten vor Brig die Umgehungsstraße verlassen und nach Glis hineinfahren, um die **älteste Wallfahrtskirche** des Oberwallis, Maria Himmelfahrt (Unsere Liebe Frau vom Glisacker), aufzusuchen (erst 1994/95 restauriert).

Die spätgotische Kirche wurde vom Baumeister Ulrich Ruffiner (siehe auch Tour 15) im Auftrag von Georg Supersaxo um eine Vorhalle und die St. Anna-Kapelle ergänzt (etwa 1519). 1539 gestaltete Ruffiner den Chor um (spätgotisches Netzgewölbe). Auch das Langhaus wurde später durch die Baumeister Bodmer umgebaut (die auch den Stockalperpalast in Brig gestalteten).

Um Brig machen wir einen Bogen, fahren weiter Richtung Furka-Paß, wobei wir **Naters** passieren mit seiner sehenswerten Kirche – 16./17. Jh., Ruffiner/Bodmer.

Bald ist Mörel erreicht. Wer es nicht eilig hat, sollte sich gemütlich in der alten, kleinen Seilbahn (neben der Kirche) nach Ried hinaufgondeln lassen, und dort umsteigen nach Riederalp. Über die Dorfsträßchen gelangt man bald ins Almgelände und dort auf breitem Pfad in kurzer Zeit zur Riederfurka.

Vor der Wanderung im Arvenwald besuchen wir die Villa Cassel, die sich ein reicher Engländer, Sir Ernest Cassel, Anfang unseres Jahrhunderts an aussichtsreichem Platz erbaute. Das später zum Hotel umgestaltete Haus wurde in den siebziger Jahren verkauft und ist seit 1976 alpines Naturschutzzentrum des SBN (Schweizerischer Bund für Naturschutz). Ein Alpingarten umgibt das Gebäude, in dem sich ein liebevoll gestaltetes, sehr informatives (auch für Kinder kurzweiliges) naturkundliches Museum befindet.

Vor dem Restaurant Riederfurka biegen wir nach links hinunter in den lichten Arvenwald, wählen den mittleren Weg, der auf etwa gleich-

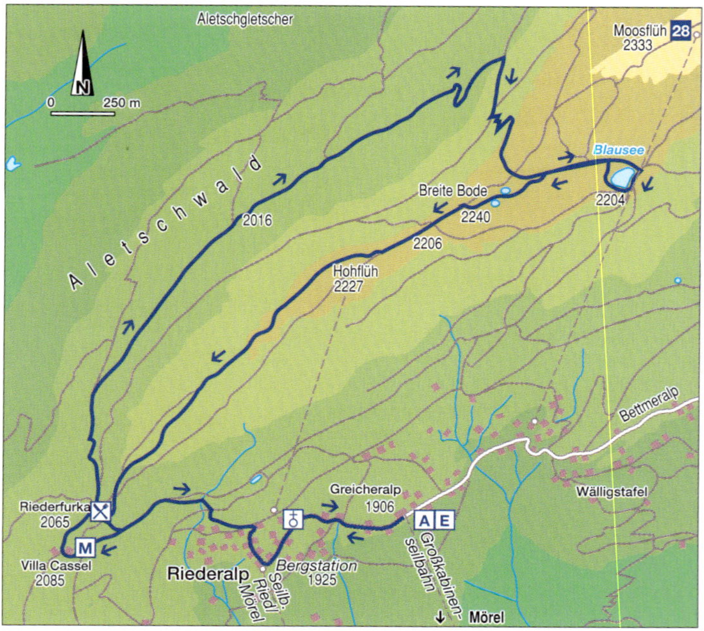

bleibender Höhe auf der Moräne entlangführt. Der Boden ist mit allerlei Gesträuch bedeckt. Der (flechtenreiche) Wald bietet vielen, teils seltenen, Tier- und Vogelarten Unterschlupf.

Die Wanderung über dem großen Aletschgletscherstrom ist ein unvergeßliches Erlebnis, könnte fast als Krönung des bisher Gesehenen betrachtet werden. An markantem Aussichtspunkt verlassen wir die Gletscherschau, steigen durch grasige, baumfreie Hänge hinauf auf den breiten Scheitel der Moräne, von wo wir einen phantastischen Blick zu den Viertausendern jenseits der Rhône haben.

Über die breite Anhöhe steigen wir leicht bergan und hinunter zum **Blausee.** Eine Runde um das kleine Gewässer, wieder hinauf und auf dem Höhenrücken in südlicher Richtung bergab. Vorbei an der Bergstation Hohfluh und in Serpentinen, zuletzt wieder im Arvenwald, hinunter zur Riederfurka.

In Riederalp halten wir Einkehr im Muttergotteskapellchen, das hier schon seit 1679 den Hirten Schutz und Zuflucht bot.

Informationen zur Tour

Ausgangsort

Mörel (759 m), entweder alte Gondelbahn ab Kirche (umsteigen in Ried) nach Riederalp (1925 m), oder ab Zentrum mit neuer Großkabinen-Seilbahn (Mittelstation Greich) zur Greicheralp (1906 m).

Die Villa Cassel wurde von einem wohlhabenden Briten an herrlichem Platz auf der Riederfurka erbaut; hinten die Fußhörner.

Anfahrt

Bahn/Bus Visp – Brig – Mörel; oder Auto

Einkehrmöglichkeiten

Hotel-Restaurant Riederfurka; Hotel-Restaurant Bergdohle bei Gondelbahn Moosfluh; Buffet Bergstation Großkabinenbahn; Restaurants in Riederalp/Mörel.

Öffnungszeiten

Riederfurka: Villa Cassel mit Alpengarten (Naturschutzzentrum

Der Arvenwald oberhalb des Aletschgletschers ist ein Urwald im eigentlichen Sinn des Wortes, die Wanderung durch ihn ein großes Erlebnis.

Aletsch), offen Mitte Juni bis Mitte Okt., tägl. 10–17 Uhr, Tel. 028/27 22 44; Riederalp, Alphütte Nagulschbalmu (Alpmuseum: Handwerk u. Brauchtum), offen Mitte Juni bis Mitte Okt., Di u. Do 14–17 Uhr, anfragen bei Verkehrsbüro Riederalp, Tel. 028/27 13 65.

Unterkünfte

• Campingplatz: Mörel: »Felsheim« (anfragen bei Verkehrsbüro).
• Touristenlager: Hotel Riederfurka, Tel. 028/27 21 31 (57 Schlafplätze); Riederalp: Naturfreundehaus »Lüeg ins Land« 028/27 11 65 (Gruppenunterkünfte); Mörel: Berghaus Tunetschbahn, Tel. 028/27 12 25 (Gruppenunterkünfte); weitere Gruppenunterkünfte gibt es auf der Bettmeralp: Touristenlager Seilbahn, Tel. 028/27 13 69; Touristenlager Matterhornblick, Tel. 028/27 26 39 (und weitere).

Tourist Information

CH-3983 Mörel, Tel. 028/27 10 02 <027/9 27 10 02>, Fax 028/27 32 85 (1200 Betten); CH-3987 Riederalp, Tel. 028/27 13 65 <027/9 27 13 65>, Fax 028/27 33 13 (4500 Betten); CH-3992 Bettmeralp, Tel. 028/27 12 91 <027/9 27 12 91>, Fax 028/27 33 45 (4170 Betten).

Karte

SLK 1269 »Aletsch«, 1:25 000.

Weitere Attraktionen

Tennis, Paragliding, Mountainbiking, Rafting, Angeln, Hallenbad, geführte Wanderungen (Massaschlucht, Aletschgletscher, Aletschwald, Pflanzen, Vögel u. Wild, Murmeltiere, Mineralien); geführte Eis- u. Klettertouren, Alpinschule, Brotbacken im Backhaus Betten, Buttern und Schaukäsen im Alpmuseum Nagulschbalmu.

Tourenmöglichkeiten

Riederfurka – Riederhorn (2230 m); Gletschertraversierung Riederalp – Belalp (ca. 6 $^1/_2$ Std., nur mit Führer zu empfehlen). Tip: ab 1996 fertiggestellt: neuer Wanderweg für Trittsichere von Ried nach Blatten, entlang einer alten Wasserleitung oberhalb der Massaschlucht.

29 Goms – Eggishorn – Tälligrat – Märjelensee

Aussichtsberg überm Aletsch und berühmt-berüchtigter See

km
13
Etappen
9
Stunden
4/4,5
Höhenunterunterschied
328A
726G

Talort

Brig (680 m), Rhônetal; Fiesch (1049 m), Rhônetal/Goms

Etappen

Kultur: Brig, Stockalperpalast; Tour: Bergstation Eggishornbahn (2869 m) – Eggishorn (2927 m) – Bergstation Eggishorn (2869 m) – Tälligrat (2610 m) – Märjelenseen (oberer 2348 m, unterer 2300 m) – Punkt 2386 m – Unters Tälli Punkt 2147 m – Obers Tälli (2299 m) – Salzgäb (2278 m) – Eggishorn-Mittelstation Kühboden (2212 m); Rundtour

Tourencharakter

Steige und Bergpfade oberhalb der Baumgrenze über plattiges und blockiges Gelände und an freien Hängen; zuletzt Almsträßchen. Für den Gipfelanstieg zum Eggishorn (bei Vereisung ist vom Anstieg abzuraten) und in den Blockhalden ist Trittsicherheit erforderlich. Phantastischer Ausblick vom Eggishorn.

Sehenswertes am Weg

Märjelensee. 360° Rundblick Eggishorn. Brig: Stockalperpalast

Günstigste Jahreszeit

Mitte Juli bis Ende September

Altersgruppen

Für größere und trittsichere Kinder geeignet

→ Nicht alle gehen – wie wir – auf dem nicht zu verfehlenden Steig übers felsplattige, windige Joch hinüber und in Serpentinen am Hang über Blockgelände zum **Eggishorngipfel** hinauf. Das dauert maximal eine halbe Stunde. Trittsicherheit ist dazu erforderlich.

Die kleine Mühe lohnt sich wegen der großartigen Aussicht und des phantastischen, einmaligen Rundblicks.

Über den Gipfelsteig gehen wir wieder zurück bis unmittelbar vor der Bergstation, wo nach links ein Pfad abzweigt, der zunächst in östliche Richtung führt. Dieser leitet in Kehren Richtung Fiescheralp hinunter. Bei etwa 2600 m (gut markiert) biegen wir Richtung **Tälligrat** ab.

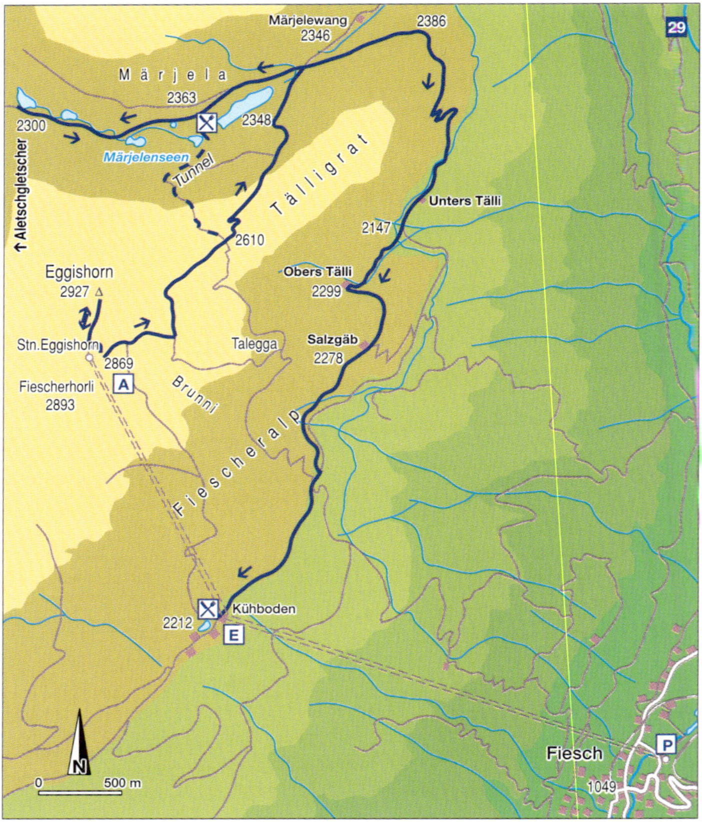

Über Blockhalden wandern wir schräg hinüber, kommen an einem kleinen See vorbei, wo wir Rast machen und Umschau halten können (Tiefblick auf **Märjelenseen** und **Aletsch**).

Nun steigen wir über den Nordwesthang des Tälligrats zum berühmt-berüchtigten **Märjelensee** hinunter, der inzwischen seine frühere Gefährlichkeit weitgehend verloren hat, weil der Gletscher sich zurückzog. Auch der Bau einer Staumauer hat die Lage entschärft: der abgetrennte obere Seebereich bekam einen Abfluß ins Fieschertal.

Oberhalb des unteren Seeteils führt ein Pfad vorbei, an der Moräne hinaus bis an den Rand des **Aletschgletschers**, der mit 24 Kilometern Länge und 87 Quadratkilometern Flächenausbreitung der größte der Alpen ist. Gut 900 Meter dick ist diese Eisraupe beim Konkordiaplatz, dem Gletscherzusammenfluß unterhalb von Jungfrau und Mönch. Unterm Jungfraujoch ist die Fließgeschwindigkeit mit 200 Metern pro Jahr am höchsten. Ansonsten bewegt sich der weiße Riese als relativ flacher Talgletscher (6° Neigungswinkel) eher langsam, zur Zeit etwa 20 bis 25 Meter pro Jahr.

Der Schweizer Geograph Dr. Hanspeter Holzhauser, der intensiv am Aletsch forscht, untersuchte vom Eis freigegebene Wurzeln und Holzfragmente auf ihr Alter. Er folgerte aus den Ergebnissen, daß in der Römerzeit im Aletschgebiet ein »üppiger Wald ... mit Nadelbäumen, Sträuchern, Moosen und Alpenrosen« das Tal bedeckte, der Gletscher um gut 1000 Meter kürzer und um einiges dünner gewesen sei.

Der Eiszuwachs des Aletsch in späteren Jahrhunderten war die Ursache, daß das Gletschereis wie eine Mauer das westseitige Ufer des Märjelensees bildete. Meist im Frühsommer wuchs der See durch die Schneeschmelze dramatisch an. Das harte Eis versperrte den Abfluß (siehe auch Tour 27). In der Folge kam es zu schlimmen Seeausbrüchen: die Flutwelle suchte sich quer über den Gletscher oder bei der linken Hangseite einen Weg, stürzte durch die Massaschlucht, erreichte mit verheerender Gewalt Naters und das Rhônetal. Jeder, der die herannahenden Wasser in Naters meldete, bekam laut Gemeindegesetz ein paar neue Schuhe.

Auf dem Rückweg vom Märjelensee zur Station Kühboden besteht die Möglichkeit, durch den etwa 200 Meter langen Tunnel zu gehen, wozu man jedoch Stirn- oder Taschenlampe braucht. Schöner ist es aber, vom oberen Märjelenseen wieder zum Tälligrat hinaufzuwandern und von da ins Untere Tälli abzusteigen. Die »steinreiche« Umgebung mit allerlei Kristalleinschlüssen verlockt immer wieder zu kleinen Aufenthalten. Ein kurzer Gegenanstieg ins Obers Tälli und dann hinunter über Salzgäb, bis wir zuletzt auf dem Almsträßchen der Fiescheralp zur Station Kühboden (Mittelstation) der Egginshorn-Seilbahn gelangen.

Von Fiesch fahren wir hinunter nach **Brig**, wo wir den **Stockalperpalast** als monumentalstes Bauwerk (Baumeister Gebrüder Bodmer aus Prismell/Val Sesia) von Brig besuchen wollen.

Kaspar Jodok von Stockalper (14.7.1609 bis 29.4.1691; seine Vorfahren nannten sich nach der gleichnamigen Alpe bei Berisal), der Förderer und Wohltäter des Wallis, machte eine für die damalige Zeit märchenhafte Karriere. Am besten ist das an seinem Besitz zu messen: anfänglich besaß er etwa 600 Kühe, und 1678 – bevor er durch Neider gestürzt wurde – war die Zahl auf über 122000 angestiegen (aneinandergereiht würde das der Distanz Furkapaß–Genf entsprechen, wie im 1991 eröffneten Museum dargestellt wird).

Stockalper besaß sowohl wirtschaftliches wie technisches Gespür für die Erfordernisse der Zeit. Durch geschickten Verleih (»Ausheben«) Schweizerischer Söldner – er besaß zeitweilig zehn Kompanien – für die Dienste Frankreichs, Spaniens, auch des Papstes schuf er die Basis seines Reichtums.

Durch die Zahlung von Entschädigungen an die Walliser Zenden (das waren sieben eigenständige kleine Staaten zwischen Sitten und Goms, später mit dem Unterwallis zehn) brachte er den Salzhandel und die Rechte für die Erhebung von Brücken- und Wegezölle im Wallis an sich. 1643 eröffnete er den regelmäßigen Simplontransit. Er betrieb Seidenhandel mit Lyon, sorgte für einen Handelsweg zwischen Genf und Mailand, richtete eine reitende Schnellpost ein. Zur Transportbeschleunigung ließ er im Unterwallis Richtung Genfer See 1659 einen Kanal (noch vorhanden bei Bouveret) erbauen. Dazu besaß er Bergwerk und Eisengießereien in Grund, in Gondo (wo er Turm und Suste erbauen ließ) Goldminen. Kastlan von Brig, war er zusätzlich

Der Stockalperpalast in Brig erstrahlt in der Abendsonne. Der mächtige Bau gehört zu den Wahrzeichen des Kantons Wallis.

Zendenhauptmann, Landvogt von St. Maurice (1646–48) und Landeshauptmann (1670 bis zu seinem Sturz 1678). Im Schloß trug Stockalper, der fünf Sprachen beherrschte, eine umfangreiche Bibliothek zusammen. In der Schloßkapelle befand sich ein prachtvoller Silberaltar (heute nur noch als Kopie dort), wovor er bei seinem Sturz sein Barvermögen niederlegen und schwören mußte, daß dies alles sei. Er ließ außer dem Stockalperpalast das Ursulinenkloster in Brig erbauen, sorgte für den Umbau der Wallfahrtskirche in Brig, ließ das Johanniterhospiz am Simplonpaß zu seinem Sommersitz und zur Herberge umbauen.

Die Neider im Land sorgten für seinen Sturz, nahmen sein gesamtes Vermögen an sich. Er floh 1679 verkleidet über den Simplon, lebte im Exil im Palazzo Silva in Domodossola, aus dem er aber 1685 zurückkehrte und seinen Gegner Im Albon vor Gericht bringen konnte. 1691 starb Stockalper in seinem Schloß.

Informationen zur Tour

Ausgangsort

Fiesch (1049 m), Seilbahn-Bergstation Eggishorn (2869 m) im Sattel zwischen Fiescherhorli (2893 m) und Eggishorn.

Einkehrmöglichkeiten

Restaurant »Gletscherstube« am gestauten Märjelensee. Kühboden: Hotel-Restaurant »Jungfrau«. Div. Restaurants in Fiesch; div. Restaurants in Brig.

Öffnungszeiten

Siehe Touren 30 und 28. Münster: Pfarreimuseum im Pfarrhaus, Führungen während der Saison Di, 17 Uhr, Tel. 028/73 11 62 (vorher empfiehlt sich ein Besuch der Kirche Sankt Maria).

Brig: Stockalperpalast, Führungen Di–So. Juni–Sept. 9, 10, 11, 14, 16 u. 17 Uhr, Mai und Okt. 10, 11, 14, 15 u. 16 Uhr, Tel. 028-231901.

Unterkünfte

- Campingplatz: Reckingen: »Ellbogen«, 2 * (ZW), Tel. 028/73 13 55.
- Touristenlager: anfragen beim Verkehrsamt.

Tourist Information

CH-3984 Fiesch, Tel. 028/711466 <027/9 711466>, Fax 028/71 2373 (4100 Betten); CH-3900 Brig, Tel. 028/23 19 01 <027/9 23 19 01>, Fax 028/24 31 44 (2500 Betten).

Karte

SLK 1269 »Aletsch«, 1:25 000.

Weitere Attraktionen

Fiesch: Tennis, Hallenbad, Paragliding, Rafting, Mountainbiking, Angeln, Alpinschule.

Tourenmöglichkeiten

Als Teiletappe der TA, Tour Aletsch, Märjelensee – Kühboden – Bettmeralp – Riederalp; oder Abstieg vom Märjelensee ins Fieschertal; Stockalperweg am Simplonpaß (Fortsetzung des Stockalperweges bis Domodossola geplant.)

30 Binntal – Binn – Imfeld – Freichialm

Im Tal der Kristallsucher unterwegs auf Walserwegen

km
13
Etappen
10
Stunden
4/4,5
Höhenunterunterschied
483

Talort
Ernen/Mühlebach (1196 m), Binn (1400 m)

Etappen
Binn Parkplatz (1400 m) – Imfeld »Fäld« (1547 m) – Trogschliecht – Brunnebiel (1843 m) – Freichialm (1883 m) – Binnabrück – unterhalb Lärcheltini (1846 m) – Binnultini (1792 m) – Figgerscha (1579 m) – Imfeld (1519 m) – Binn Parkplatz ; Rundtour

Tourencharakter
Leichte, relativ einsame Wanderung durch unberührte Landschaft auf alten Saumpfadspuren Richtung Albrunpaß. Teilweise Pfad, teils Almsträßchen über Wiesen- und Weidegelände und durch lichten Wald, auf Rückweg Steig durch gerölldurchsetztes Gelände, später entlang der Straße Imfeld-Binn

Sehenswertes am Weg
Ernen: Viele gut erhaltene Häuser aus dem 16. und 17. Jh., Wandgemälde des »Apfelschusses« am Tellenhaus, St. Georgs-Kirche; alter Galgen oberhalb von Ernen. Binn: Eselsrückenbrücke über die Binna, über 300 Jahre alte Häuser, Dorfkapelle. Imfeld: Martinskapelle

Günstigste Jahreszeit
Mitte Juni bis Mitte Oktober

Altersgruppen
Für Kinder geeignet

→ Unweit Fiesch zweigt bei **Lax** die Straße vom Goms scharf ab Richtung **Binntal**, dem Dorado aller Kristallsucher und Hobbystrahler. Nach kurzer Wegstrecke erreicht man den Ort **Ernen** (Autofahrer bitte am Ortseingang parken), der einer der schönsten des Wallis sein dürfte.

Das Zentrum des Dorfes, das im 16. und 17. Jahrhundert seine Blütezeit erlebte, weil es wichtiger Umschlagplatz am Weg zum Furka und Albrunpaß war, besteht fast nur aus stattlichen, sehr schönen, liebevoll restaurierten und gut erhaltenen Häusern aus dieser Zeit (Dorfpläne gibt's beim Verkehrsamt).

Aus Ernen gingen zahlreiche bedeutende Männer hervor. Deswegen muß erwähnt werden, daß sich nahe der Kirche, »auf der Flüe« (lat. super saxo), das 1478 erbaute Geburtshaus des legendären Jörg Uff der Flüe, alias Georg Supersaxo befand (1955 wurde es wegen Baufälligkeit abgerissen), dem Gegenspieler des Kardinals Matthäus Schiner.

Matthäus Schiner (ca. 1470-1522), Zimmermannssohn, war zunächst Sekretär und Günstling von Supersaxo, bis er nach Niklaus Schiner (protegiert durch Supersaxo) 1499 den Bischofsstuhl in Sion bestieg: 1511 Kardinal, 1512 Legat); er stützte den kriegerischen Papst Julius II. Es folgte ein zwölfjähriger Machtkampf mit Supersaxo: Schiner, pro Papst und Kaiser, betrieb gegen Frankreich gerichtete »italienische« Politik; Supersaxo profranzösische.

1510/11 wird Schiner in Naters überfallen, festgehalten, eine Erklärung wird ihm abgezwungen, die er in Sion widerruft; er stellt Supersaxo als Verräter hin (Mazze).

Die Schlacht von Marignano (1515) bringt Schiners Politik zum Scheitern zugunsten von Supersaxo; Schiner verläßt das Wallis 1517, stirbt 1522 in Rom an der Pest.

Jörg Uff der Flüe, alias Georg Supersaxo (ca.1460-1529), war Sohn einfacher Leute, Geißhirte zunächst, bis ihn sein Onkel, ein Pfarrer, studieren ließ. Er wurde Kastelan von Mörel, auch von Vis-

Das Tellenhaus (Detail) auf dem großen Hauptplatz von Ernen gilt als dessen schönstes Bauwerk. Es stammt aus dem Jahr 1576.

soie (Hexenverbrennungen 1480 u. a. von Pierre de Torrenté), schließlich Staatskanzler. Anfänglich wirkten Supersaxo und der jüngere Schiner in Eintracht miteinander: Supersaxo als Kanzler, Schiner als Bischof das Wallis. Das änderte sich, denn Supersaxo unterstützte die französische Politik, die wiederum Savoyen, den Erzfeind der Walliser Zenden, stützte.

1510/11 wird er nach den Aussagen von Schiner zum Verräter erklärt und kommt in Freiburg (Fribourg) auf Schiners Betreiben in den Kerker, kann jedoch mit Hilfe einer Schar Getreuer fliehen. Die Walliser selbst waren gespalten, schwankten zwischen Schiner und Supersaxo. Dieser wird, von Schiner mit dem Bann belegt, nach Rom zitiert, wo Schiner dafür sorgt, daß man ihn gefangennimmt und in die Engelsburg wirft. Nach zwei Jahren kommt er (Ausgang der Schlacht von Marignano) frei, kehrt zurück ins Wallis, regiert dort ziemlich selbstherrlich. 1519 verweigern die

Zenden ihre Gefolgschaft, und Schiner sorgt dafür, daß Supersaxo mit dem Bann belegt wird. Trotzdem hält er sich. Nach dem Sieg des deutschen Kaisers über die Franzosen (Pavia) mußte er 1592, verurteilt von den Zenden und aller Ämter enthoben, fliehen. Er starb in der Verbannung 1529 in Vevey.

Gleich beim südlichen Dorfanfang von Ernen gelangen wir zum Hengarthaus (1584), an dessen Fassade sich ein Hirschkopf befindet; davor ein kleiner Platz mit Brunnen (1708/1764). Das schönste der Häuser ist ohne Zweifel das am großen Dorfplatz linker Hand stehende Tellenhaus (1576), das – in Freskomalerei über die ganze Hausfront verteilt – die wohl älteste (1578) Darstellung des »Apfelschusses« in der Schweiz zeigt.

Auf der schmalen, kurvenreichen Straße gelangen wir, zuletzt durch einen engen und finsteren Tunnel, nach **Binn**.

Gleich oberhalb des Dorfeingangs führt eine noch erhaltene Eselsrückenbrücke (1661) über die Binna. Sehenswert die über 300 Jahre alten Häuser und in der Dorfkapelle der von Johann Ritz geschnitzte Altar.

Vom Parkplatz gehen wir zunächst auf der Straße in östlicher Richtung, biegen jedoch bei der nächsten Brücke links ab, wo der Weg zunächst als Sträßchen, später als Pfad weiterführt. Dann durch Gras- und Weidegelände, nur mäßig ansteigend, oberhalb der Binna entlang. Bald ist der Weiler **Imfeld** (Fäld) erreicht. Schnell einen Blick in die kleine Martinskapelle geworfen, deren kleiner Altar immerhin den Händen Johann Ritz' entstammt.

Hier in Ort scheiden sich die Geister. Die einen wandern beschaulich auf Walserpfaden. Die (Hobby)Strahler eilen der nicht weit entfernten Grube Lengfeld zu. Wir halten uns abseits der Geschäftigkeit, wandern immer weiter in östlicher Richtung, teils auf dem altem mit Steinen befestigten Saumpfad, teils auf dem planierten Wald- und Almsträßchen talaufwärts. Durch Almflächen gelangen wir schließlich zu unserem Ziel, der Freichialm.

Nach einer angemessenen Rast wechseln wir über die Brücke un-

Am Hügel oberhalb von Ernen stehen an düsterem Platz die drei granitenen Säulen eines alten Galgens mit der Jahreszahl 1707.

terhalb der Alm auf die andere Bachseite über und treten den Rückweg an.

Informationen zur Tour

Ausgangsort

Binn »Schmidigehischere« (1400 m): Parkplatz hinter Ortsausgang Binn an Straße Richtung Imfeld.

Anfahrt

Bus Fiesch - Lax - Ernen - Binn - Imfeld; oder Auto

Einkehrmöglichkeit

Ernen: Restaurant St. Georg am Hauptplatz. Binn: Hotel-Restaurant Ofenhorn; Restaurant »zur Brücke«. Imfeld: Restaurant Imfeld.

Öffnungszeiten

Ernen: Jost-Sigristenhaus, offen Mi u. So 16–18 Uhr. Binn: Museum: Öffnungszeiten erfragen im Hotel »Ofenhorn«, Tel. 028/714545.

Übernachtungen

• Campingplatz siehe Touren 28 und 29.
• Touristenlager: anfragen bei Verkehrsverein Ernen und Binn.

Tourist Information

CH-3995 Ernen/Mühlebach/Steinhaus, Tel. 028/711562 <0 27/9 7115 62>, Fax 028/713543 (1800 Betten); CH-3996 Binn, Tel. u. Fax 028/714547 <0 27/9 71 45 47> (1015 Betten).

Karte

SLK 1270 »Binntal«, 1:25000.

Weitere Attraktionen

Ernen/Mühlebach: historische Dorfführungen, Reiten, Wildbeobachtungen.

Tourenmöglichkeiten

Tourenfortsetzung Freichialm – Binntalhütte (2267 m); Binn – Lengtal (Mineralienfundort) – Binn; Imfeld – Heiligkreuz – Cherbadung; Maultiertrekking Ernen – Albrun – Crampiolo oder »Walser«-Trek von Crampiolo weiter über Val Formazza – Griespaß – Ulrichen - Ernen.

Reiseinformationen

Jeder Wanderung sollte eine Tourenplanung vorausgehen, die außer dem Kartenmaterial auch die Ausrüstung festlegt. Diese sollte etwa folgendes beinhalten:

Bekleidung

Berg- oder Trekkingschuhe mit Profilsohlen, lange Hosen (Shorts nur, wenn auch lange Hose mitgeführt wird), Fleecejacke, atmungsaktive Unterwäsche, Wind- und Regenschutzjacke mit Kapuze, Stirnband, Mütze, Schal, Handschuhe, Sonnenbrille. Bei Mehrtagestouren Ersatzbekleidung, Hüttenschuhe, Hüttenschlafsack, Waschzeug und Handtuch.

Sonstiges

Sonnen-, Lippen-, und Insektenschutz; Verbandszeug oder kleine »Bergapotheke«; Karte, Taschenlampe oder Stirnlampe (Höhenmesser, Kompaß, Fernglas); Taschenmesser, Schreibgerät.

Nahrung

Trinkflasche mit Tee oder Saft (1 l., Kinder brauchen viel Flüssigkeit); Isodrinks (leere Flaschen unterwegs nicht wegwerfen!), Traubenzucker, Trockenfrüchte, Energieriegel, Äpfel, Schokolade, belegte Brote.

Verkehrswegenetz

Das Wallis ist verkehrsmäßig bis in den letzten Winkel (d. h. bis zum hochgelegenen Bergdorf) voll erschlossen. Wo die Bahnlinien enden, fahren die Postbusse weiter. In den Tourenvorschlägen ist das unter »Anfahrt« aufgeführt; es gibt auch Texthinweise.

Bahnlinien durchs Wallis verlaufen über
• Bern – Kandersteg – Lötschberg (Bahnverladung) – Gampel – Visp – Brig – Simplon
oder vom Genfer See kommend:
• Lausanne – Martigny – Orisières bzw. Le Châble; bzw.
• Martigny – Sion – Sierre – Gampel – Visp – Brig – Simplon bzw.
• Brig – Visp – Zermatt
oder (Furkabahn):
• Brig – Furkapaß – Disentis.
• Glacierexpress: Zermatt – Brig – Andermatt – Disentis – St. Moritz.
Auf allen anderen Strecken verkehren Busse.
Für Bahnfahrten und Bustickets gibt es jährlich und saisonal und regional unterschiedliche Sonderangebote (z. B. spezielle Touristen- oder Ferienkarten), die bei den Bahn- und Postschaltern oder in den jeweiligen Verkehrsbüros zu erfragen sind.

Autoparkplätze

Grundsätzlich gibt es inzwischen fast in oder vor jeder Ortschaft speziell gekennzeichnete Parkplätze, die auch angefahren werden sollten, um nicht als »Verkehrshindernis« aufzufallen.
Diese Parkplätze sind nur noch selten gebührenfrei. Deshalb auf jeden Fall immer genügend Kleingeld bereithalten.
Oft sind die erlaubten Parkzeiten beschränkt.

Eintrittsgebühren

Es wurde darauf verzichtet, Angaben zu machen, weil die Gebühren sich laufend verändern.

Jugendherbergen

Im gesamten Wallis gibt es nur vier Jugendherbergen, die dem offiziellen internationalen Verband angeschlossen sind.
Auskünfte: Schweizer Jugendherbergen, Schaffhauser Straße 14, Postfach, CH-8042 Zürich,
Tel. 01/3 60 14 14, Fax 01/3 60 14 60.

Touristenlager/Dortoirs

Angaben in den Toureninfos erheben keinen Anspruch auf Vollständigkeit. Weitere Auskünfte bei den jeweiligen Verkehrsbüros. Hüttenadressen sind bei der jeweiligen Tour angegeben.

SAC-Clubhütten

Schweizer Alpen-Club SAC, Zentralsekretariat, Helvetiaplatz 4, CH-3005 Bern, Tel. 0 31/3 51 36 11

Ferienwohnungen und Chalets

Adressen erhältlich bei den jeweiligen Verkehrsbüros

Bauernhof-Ferien

Im Wallis nur in seltenen Fällen möglich, da die alten Hütten und Häuser meist zu Ferienwohnungen umgebaut wurden. Auskünfte über die jeweiligen Verkehrsbüros.

Campingplätze

Bei den Toureninfos wurden nur die im offiziellen Walliser Campingverband zusammengeschlossenen Campingplätze und nach einheitlichen Kriterien bewerteten Plätze angegeben. Die Bewertung ist unter ...* (wieviel Sterne) und mit (ZW) (Zelt und Wohnwagen) festgehalten.
Auskünfte: Walliser Camping Vereinigung, Präsident Serge Revaz, Camping Botza, CH-1963 Vétroz Tel. 0 27/36 19 40 <0 27/3 46 19 40>.
Es sind nur Mitglieder aufgeführt. Grundsätzlich gibt es fast in jedem Tal etliche weitere Campingplätze, deren Standort über die Verkehrsbüros zu erfahren ist.

Adressen der Schweizer Verkehrsbüros

In Deutschland
D-60311 Frankfurt am Main (Zentrale), Kaiserstraße 23,
Tel. 0 69/2 56 00 10, Fax 25 60 01 10.
D-40213 Düsseldorf, Kasernenstraße 13, Tel 02 11/73 23 09 13,
Fax 02 11/13 34 36.
D-20095 Hamburg, Speersort 8/IV,
Tel. 0 40/32 14 69, Fax 0 40/32 39 00.
D-80802 München, Leopoldstraße 33, Tel. 0 89/33 30 18,
Fax 0 89/34 53 46.
D-10117 Berlin, Unter den Linden 24, Tel. 0 30/2 01 20 50,
Fax 0 30/2 01 20 51
Vertretung im Wallis
Walliser Verkehrsverband (Union valaisanne du tourisme), Rue Pré-Fleuri 6, CH-1951 Sion,
Tel. 0 27/22 31 61 <0 27/3 22 31 61>,
Fax 23 15 72 <3 23 12 62>.
Hauptsitz in der Schweiz
Schweizerische Verkehrszentrale, Bellariastraße 38, CH-8027 Zürich,
Tel. 01-2 88 11 11, Fax 2 88 12 05.
Weitere Vertretungen im europ. Ausland
Wien, Brüssel, Stockholm, Amsterdam, London, Paris, Madrid.

Restaurants

Hier wurden am Weg liegende Restaurants benannt, ohne Bewertung der gastronomischen Qualitäten. Auch hier wird kein Anspruch auf Vollständigkeit erhoben, was sich in »weitere« oder »div. Restaurants am Ort« ausdrückt.

Weine und Spezialitäten

Im Wallis werden hauptsächlich angebaut Chasselas (weiß, ergibt Fendent), Pinot (weiß und rot), Gamay (rot, liebt kalkarme Böden für Dole und Beauvelais nouveau), Malvoisie (weiß, der Dessertwein) und Humagne rouge (rot; das Walliser Gewächs, alte Rebsorte; auch weiß) des weiteren Sylvaner (weiß, ergibt Johannisberg).
Weitere Informationen dazu in den Touren 9, 12 und 14.
An Gaumenfreuden sind die vielen Käsesorten zu erwähnen (aus denen Raclette oder auch Käsefondue entsteht), das Trockenfleisch, Würste (Saucisson), und die wiederentdeckten Naturbrotsorten nach altem Rezept.
Das Rhônetal ist reich an Früchten, Obst und Gemüsesorten, die je nach Jahreszeit auf dem Teller landen (Erdbeeren, Aprikosen, Pfirsiche, Trauben, Spargel und weitere). In den Bergtälern stehen des öfteren Forellen, Wildspezialitäten oder Lammgerichte auf dem Speiseplan, im Herbst gibt es Heidelbeeren, Himbeeren, Brombeeren oder auch köstliche Gerichte aus Eßkastanien.

Zeitangaben in der Tour

Diese sind großzügig bemessen (auch wegen mitwandernder Kinder). Die Besichtigungszeiten müssen dazugerechnet werden.

Tiere und Blumen

Murmeltiere trifft man am häufigsten an.
Steinböcke, Gemsen, Adler, Schneehuhn und andere Tiere lassen sich seltener blicken. Dafür wird man viele Schmetterlinge, Heuhupfer, Schnecken und Raupen auf den Almwiesen sehen.
Im Frühjahr finden sich Krokus, Berganemonen, Küchenschellen, später im Jahr unzählige Alpenrosen, Veilchen, Enzian, Knabenkraut, Orchideen- und Liliengewächse, im Oktober die Herbstzeitlosen.

Zusätzliche Tourenmöglichkeiten

Erheben keinen Anspruch auf Vollständigkeit.
Wo jedoch die »großen Rundtouren« des Wallis berührt wurden, sind diese jeweils als Teiletappen angegeben.

Fremdenverkehrsbüros

Hier hat die Autorin all den vielen freundlichen, auskunftsfreudigen und hilfsbereiten Damen und Herren zu danken, die ihr in allen Fragen mit Rat und Unterlagen behilflich waren.

Hotels

Auch einigen Hoteliers im Wallis habe ich Dank zu sagen für angenehmen Aufenthalt, gute Tips und Gaumenfreuden nach der Tour.

Bergrettung

Rettung bei Unfällen erfolgt über die örtliche Bergrettung (bei schweren Unfällen meist Hubschrauber-Einsatz), Zentrale in Sion, Kantonspolizei, Tel. 027/225656.
Empfehlung: Vor Urlaubsantritt Versicherungsschutz prüfen oder abschließen, sonst kann es böse Überraschungen geben.

Orts- und Ländervorwahl

Telefon/Fax

Es sind jeweils nur die innerhalb der Schweiz geltenden Ortsvorwahlnummern angegeben.
Wichtige Information:
Ab 1. November 1996 bekommt das gesamte Wallis die einheitliche Vorwahl-Nummer »027«. Die Teilnehmer-Nummern werden voraussichtlich 7stellig. Da diese im einzelnen bei Drucklegung noch nicht festlagen, haben wir neue Nummern in < > nur bei den Fremdenverkehrsbüros erfaßt (soweit bekannt); siehe »Tourist Information«.

Ortsregister